不安が希望に変わる！

ゼロ・リセットマジック

KADOKAWA

まえがき

はじめまして
ＹｏｕＴｕｂｅで「Kenji Spirit」と「Kenji Tarot」を
Ｖｏｉｃｙでは「Kenji Radio」というチャンネルを運営しているＫｅｎｊｉです。

ＹｏｕＴｕｂｅの配信を始めたのは、２０１９年10月です。
「Kenji Spirit」では、長い間夢を叶えることができなかった
僕の実体験を元に、「現実を大きく好転させていく方法」を伝えています。

役者として成功することが夢だった僕は、
アルバイトをしながら演技の勉強をし、学生時代から興味を持っていた
潜在意識、引き寄せ、スピリチュアルの知識を使って
10年以上イメージングやアファメーション（自己暗示法）などを
実践してきました。とても、真剣に、です。

自分の可能性に賭けてみようとハリウッドへ行き、
英語の勉強をしながらオーディションも受けました。
でも、結局、成功を手にすることはできませんでした。
現実に失望し、役者への夢を諦め、
レストランのホールスタッフとして普通に働く日々。そんなとき突然、
人生を変える奇跡のようなことが起こり始めたのです。

でも、この奇跡は、誰でも手にすることができます。

なぜかと言うと、
「現実を変えたい」「夢を叶えたい」と頑張りながらも
うまくいかないと悩んでいる多くの人たちも、
そして、10年以上悩んできた僕自身も、
夢を叶えるための、「順番が違っていた」だけだからです。

夢を叶えた成功者たちの本を読むと、輝かしい成功体験や、
メソッドが語られています。なかでも多くの人が参考にしているのが、
有名な「潜在意識」の理論だと思います。
「潜在意識に刻印された思考は、やがて現実になる」
つまり、「思考が現実になる」と言われますが、本当にそうでしょうか。

「思考していることが現実になる」のなら、
幸せになりたいと思考すれば叶うはずです。でも叶わない。
「宝くじ当たれ！」と思考しても叶わない。なぜでしょうか？

実は、この理論には、落とし穴があります。
それは「思考していることが現実になる」のではなく、
「思考の根底で感じていることが現実になる」という点です。

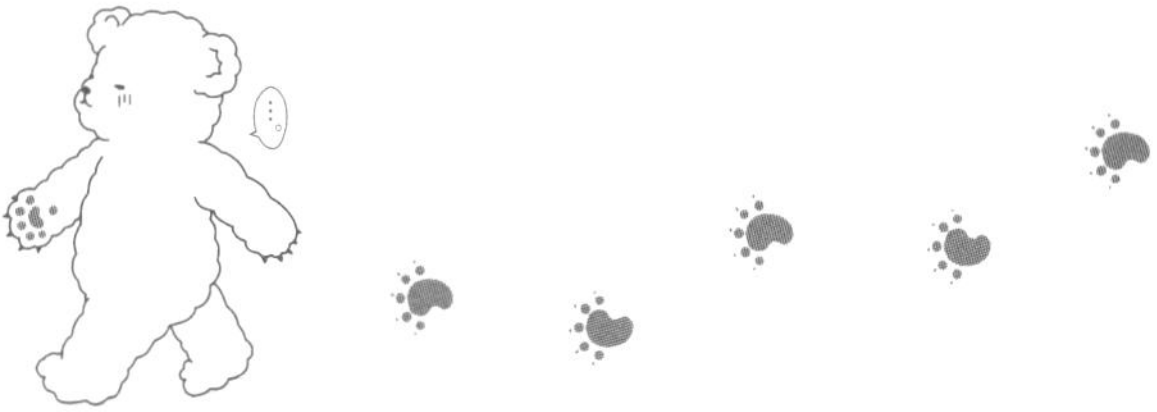

つまり、

「思考が現実になるなら、願っているのに叶わないのは、おかしい」
と思った場合は、「おかしい」という不快感を感じているので、
不快な現実がやってくる。

「こんなに頑張っているのに、なんでうまくいかないの？」と
感じていたら、やはり、
「うまくいかない」現実が目の前に現れる、ということなのです。

「思考していることが現実になる」と言われてもピンときませんが、
「感情が現実を作る」なら、よくわかる。

10年以上もの長い間、潜在意識の勉強をしてきましたが、
このシンプルで奥深い真実に、
僕はまったく気づくことができませんでした。

理解できていないメソッドをやっても、
夢が叶うはずがありません。
でも、諦めきれずに、別のメソッドにすがり、
セミナーに参加し、さらに頑張って、疲れ果てていく。

僕自身も、うまくいかない経験が増えるほど、
疑い深くなり、自信を失い、疲れ果てていきました。

心の中で「もう、無理」と思っているのに、
「頑張らなければならない」「認められなければならない」と
どんどん負の無限ループにはまっていく。
倒れる寸前のエネルギー切れのような状態で、
夢を叶えられるわけがありません。

僕自身がそのことに気づいたのは、役者になる夢を諦め、レストランホールスタッフとして働くようになってからでした。

「絶対に役者として成功しなければならない」という呪縛から解き放たれた途端に、肩の荷が下り、次第にエネルギーが戻り、毎日が楽しくなってきたのです。

すると、不思議なことに、物事が急に好転し始めました。
失望の日々から解放されたことで、感情が豊かになり、自由で穏やかな日々と新しい仕事が始まり、収入は、わずか1年半で10倍になりました。
つまり、思考の根底で感じていたことが現実になったのです。

奇跡のような体験をして僕が実感したのは、
どんな人も、自分の持つエネルギーを元の位置（ゼロ・ポイント）に戻すだけで、夢を叶える力が戻ってくる、ということでした。

そしてもうひとつ、とても大切なことが、
「日々、自分だけの心地よさに意識を向けて過ごす」ということ。

心地よさを感じていれば、いつも元気でいられます。
心地よさを感じていれば、心地よい現実がやってきます。

努力をしなければならないと感じてきた人たちからは
「それだけ？」と言われそうですが……、そうです。
これだけで十分です。

疲れ切っているのに努力をする必要はありません。

疲れたら、まずエネルギーを戻す、そして、心地よく過ごす。

勉強するなどの努力はその次。つまり、順番が逆なんです。


この本は、僕がＹｏｕＴｕｂｅで配信している内容と視聴者の方々からの意見をもとに、現実を変え、夢を叶えていく方法をまとめたものです。

頑張っているけれど現実が変えられない、夢を諦められないという人には、きっとヒントになることがあると思います。

なぜなら、僕にはうまくいかなかった経験が山ほどあるからです。

僕が長年の失敗を通して気づいたように、
この本を通して「あなたには力がある」
ということに気づいてもらえたら、嬉しいです。

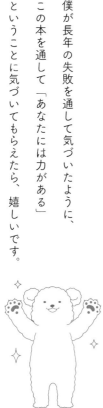

もくじ

第4章 もっと夢を叶える10のヒント

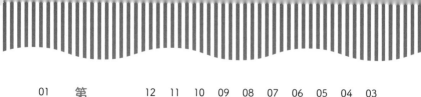

編集／丸山佳子
イラスト／井上明香
校正／麦秋アートセンター
デザイン／AFTERGLOW Inc.

COLUMN

01 感情・思考が現実を作っていることを確認するワーク

❶ 叶えたい夢を3つ書いてください

❷ 3つの夢を実現するために必要だと思っているものを書いてください
（スキル、時間、条件などいくつでも構いません）

❸ ❷を考えているときに、感じたことは？

第1章

現実を心地よく創造する11のポイント

頑張っているのにうまくいかない。

その理由は、あなたが

間違った頑張り方をしているからです。

あなたを悩ませている現実は、

あなたの思考と感情が作ったものです。

どんなにポジティブ思考で頑張っても、

その裏にネガティブな感情があれば、

うまくいかない現実がやってきます。

私たちを動かしているのは、
わずかな顕在意識と90％以上の潜在意識です。
現実を変えていくには、
感情が現実を作っている事実を知ること、
潜在意識の仕組みについて知ること、
疲れているあなたが、現実と向き合うには
エネルギー不足だと気づくことが大切です。
これがわかるだけで、きっと楽になります。

01.

「思考は現実化していた」。この認識が、あなたの力を取り戻す最初の一歩です

現実を変えるために、僕が今まで学んだ「潜在意識」や「引き寄せの法則」などの書物には、必ず、「思考が現実になる」と書いてありました。

思考、つまり、考えていることが現実になると解釈していた僕は、「役者として成功している自分」を毎日しっかりと「思考」していた時期がありました。しかし、なかなか現実にならず、僕はこの理論を疑い始め、一度は信じることをやめました。

ところがある時、「本当に信じていること、感じていることが現実になるんだ」と、理解できたのです。

例えば、「成功したい」と思ったときは、心の奥底で何か感じています。

僕の場合、どんな感情だったかというと、不足感。

なぜ不足感を感じるかというと、「今は成功していない」ことこそが真実だと自分でわかっているからです。

つまり僕は、顕在意識で「成功している自分」を思考するたびに、心の奥底では潜在意識に「成功していない自分」というイメージを送り続けていたわけです。

その結果、意識の90%以上を占める潜在意識によって「思考が現実化していた」ということになるのです。

人間には、顕在意識と潜在意識があります。

顕在意識とは自覚できる意識のことで、論理的な思考や理性、知性、判断力などがそれに当たります。

一方の潜在意識とは、普段は自覚できない意識で、感情や感覚、直感、記憶、本能的な欲求などを示します。ただし、意識の90〜97%を占めるとされているため、影響は絶大です。

ダイエットをしようと決意しても、自分の意識が及ばない潜在意識に、

「無理だ」と伝わっていたら、そのダイエットは絶対に成功しません。なぜなら、潜在意識に刻印された思考と感情が現実化するからです。

皆さんは、夢を実現できているでしょうか？

もしも、過去の僕と同じように「いろいろ頑張っているのに、うまくいかない」のなら、「潜在意識に刻印された思考と感情が現実化する」という仕組みをしっかりと理解することで、初めて「この現実を、どうしていこうか？」と対策を考えることができると思います。

左ページは、僕が役者を目指していた頃に行ったワークを思い出して書いたものです。この記入例を参考にして、16ページに掲載した「感情・思考が現実を作っていることを確認するワーク」を一度書いてみてください。

夢が叶わなかった原因が明確になり、一気に視界が開けていくと思います。

感情・思考が現実を作っていることを確認するワーク

問1. 叶えたい夢を3つ書いてください

- **ハリウッド**で成功する
- **豪邸**に住む
- **海外**で生活する

問2. 3つの夢を実現するために必要だと思っているものを書いてください
（スキル、時間、条件などいくつでも構いません）

- **アカデミー賞**を受賞する
- **エージェント**を見つける
- 海外に住み、**英語**を身につける

問3. 問2.を考えているときに、感じたことは？

- こんな夢、**絶対に無理だ！**

これが、
以前に書いた
僕の夢。
願望に対して
感じていることが
現実になります

夢を叶えるために「〜しなければ」と思考するのは、手に入らないと確信しているから。思考は現実化しています

前のページで、「感情・思考が現実を作っていることを確認するワーク」をやっていただいてわかったこともあると思うのですが、「自分の夢を叶えようとしている状態」と、「自分の夢が叶ったと知っている状態」では、雲泥の差があります。

自分の夢がほんの少しでも叶っていれば、次のステップが見えてきます。夢を実現するために必要なものも具体的になっていくので、楽しみながらステップアップしていくことができるはずです。

一方、夢を叶えようとしている状態では、辛い、苦しい、不安など、嫌な感情を抱えながら頑張ることが多いのではないでしょうか。

僕自身、自分の夢が叶わないともがいていたときは、潜在意識や引き寄せの法則の知識が足りないことが原因だと思っていたため、焦りを感じながら必死に勉強をしていました。

しかし、どれだけ勉強をしようが、実践をしようが、夢が叶わない日々が続き、時間だけが過ぎていきます。

ようやく「これは、やり方が根本的に違うのかもしれない」と思うようになり、ある日、前のページで紹介したワークを自分でやってみて、夢を叶えるのは「無理」だと自分自身で感じていたことに気づくことになりました。

いくら顕在意識で夢が叶った自分を思考したところで、潜在意識に「こんな夢を叶えるのは無理」と伝わっていたら、叶うはずもありません。

でも僕は、夢が叶わない理由が明確になったことで、生まれ変わったようにスッキリしました。

なぜかというと、思考に対して感じていることが、今までのように「無理」ではなく、その反対の「大丈夫」になれば叶う！ と確信したからです。

叶えたい夢がある。でも今は自信がないから勉強する、努力をする。以前の僕がそうだったように、多くの人はそう考えるのではないでしょうか。

夢を叶えるために努力をするのは、自分に不足しているものがあると思考し、努力をして頑張らなければ「叶わない」と感じているからです。

その場合、潜在意識に刻印されるのは、「不足感のある自分」「努力しなければ叶わない自分」であり、やがて、潜在意識によって今感じている「叶わない」現実が作られていきます。

「思考は現実化していた」とは、こういうことを言います。

夢を叶えるために頑張ろうとすることは、悪いことだとは思いません。でも、今までのやり方に疑問を感じ、違う方法があるのではないかと思い始めているなら、それは、あなたが変わるチャンスです。不足を埋めるために頑張るのではなく、まず思考パターンを変えることが大切です。

現実を変えるのは、
努力でも根性でも
ありません。
まず、思考パターンを
変えてみましょう

夢が叶わない人の思考パターン

叶えるために頑張ろう
（思考）

↓

本当に叶うんだろうか？
（思考の根底で感じていること）

↓

やっぱり叶わないなぁ
（実は最初から信じていたこと）

夢が叶う人の思考パターン

楽しく過ごしていこう
（思考）

↓

きっと叶う
（思考の根底で感じていること）

↓

やっぱり叶うんだなぁ
（実は最初から信じていたこと）

03.

潜在意識ってどんなもの？この知識があるだけで、現実を変えるのが少し簡単になると思います

人には、生きるために自分を守らなければいけないという本能があります。そうした本能や、本能的欲求を司るのが潜在意識です。

さらに人は、身近にいる親、兄弟姉妹、友だち、教師などの行いを見て真似したり、環境の影響を受けながら独自の価値観を築いていきます。

そうした価値観の形成過程で、親や世間から「〇〇はダメだ」「危ない」「安定がよい」という意見を刷り込まれ、自分では経験していないのに、「嫌だ、無理だ、危険だ、やるべきではない」と決め付けていることや、一度の失敗がトラウマになって「苦手、怖い、やりたくない」と感じてしまう「思い込み」も、潜在意識に溜め込まれています。

普段は認識していなかったのに、「自分に意外な思い込みがあって驚いた」ということは、誰もが経験しているのではないでしょうか。

僕の場合は、「お金持ちになると危ない」という思い込みがあり、ずっとお金に対してポジティブなイメージが持てずにいました。

どうしてだろうと考えてみると、「金なんか持っても、ろくなことにならない」と、子どもの頃に親から聞かされ、信じてしまったからです。

その思い込みが、長い間、お金に縁がない生活を送る原因になっていたのかと思うと、少々感慨深いですが、たくさんのことを学べたので、よしとします。

さらに、役者として成功したいと思いながら、「人嫌い」で「人に感情を見せるのが嫌」という心のブロックがありました。これも、子どもの頃の経験が原因の思い込みです。これでは、役者への夢がなかなか実現できなかったのも当然です。

例えば、「幸せになりたい」と言いながらも、その裏に「幸せになることは難しい」という思い込みがあると、「幸せになったときの感情を思い浮かべてください」と言われても、まったく感情が出てこないことがあります。なかには、「とても嫌な思いがする」という人もいます。

叶えたいのにうまくいかない、おかしな感情が出てくるというときは、誰かの思い込みを信じていないか、疑ってみることです。

親が言っていた。もしくは、友人が言っていた。ニュースで聞いたことがあるなど、原因がわかれば、感情は出てくるようになります。

人の価値観は、日々の行動や体験など様々なものから作られていきます。潜在意識には、その膨大な記憶が蓄積されています。

「幸せになるのは難しい」と潜在意識に刻印された価値観を、「幸せになるのは簡単」に書き換えていくためには、まず思い込みに気づき、原因があれば取り除き、日々、小さな幸せを体感していくことが大切です。

なぜ体感することが大切かというと、潜在意識は「感じていることを、あなたのオーダーだと受け取る」からです。

現実を作るのは潜在意識の役割ですが、感じていることを決めるのは、自分自身の顕在意識。これを理解すると、人生の可能性が広がります。

顕在意識の特徴

- **論理的**な思考、判断、決断ができる
- **過去、現在、未来**の判断ができる
- **自分**と**他人**を区別できる
- **現実**と**想像**の区別ができる
- 潜在意識に対して**優勢**である
- **知覚している**分だけの情報（記憶）を保持している

潜在意識の特徴

- **顕在意識**に対して受身である
- **過去、現在、未来**の区別ができない
- **自分**と**他人**を区別できない
- **現実**と**想像**の区別ができない
- **知覚できない**膨大な情報（記憶）を保持している
- **口癖**や**行動の癖**で現れる

04.

夢を叶えたくても、**マイナスの感情ならば叶わない。**なぜなら、**潜在意識には嘘が通用しない**からです

例えば、「恋愛は簡単だ」「仕事は簡単だ」と思う人は、恋愛や仕事に関する結果を簡単に手に入れています。でも、「恋愛は難しい」と思っている人は、ずっと難しい。なぜこういうことが起きるか、不思議ですよね。

カラクリとしては、簡単だと思っている人は「軽やかな気分」なので、潜在意識が軽やかな気分になる現実を用意し、難しいと感じている人は「重苦しい気分」なので、お望み通り、気が重くなるような現実が用意されるということです。

大切なのは、「恋人が欲しい」と思っているときの感情が、プラスなのかマイナスなのか。これが、夢が叶うか否かの分かれ道です。

恋人が欲しい（でも今、恋人は「ない」）マイナスの感情
恋人が欲しい（きっと、未来に「ある」）プラスの感情

夢を願っても、
感情がマイナスだと

顕在意識側のオーダー	潜在意識側の解釈
幸せになりたい！	今は幸せじゃない
お金持ちになりたい！	今はお金がない
恋人が欲しい！	今はいない。出会いがない
仕事で成功したい！	今は仕事で認められていない

潜在意識は、あなたが「言っていること」ではなく、「感じていること」をオーダーとして受け取ります

潜在意識は、あなたのオーダーに「YES」としか言いません。言葉の裏にマイナスの感情があれば、それがオーダーになります

言葉の裏にマイナスの感情が隠れている場合は、感情が現実を作るのですから、かなりマイナスの現実がやってきます。

同じように、「幸せになりたい」と願っても、「私は幸せ、感謝しています」といくら言ったところで、マイナスの感情を感じていたら、夢は叶いません。潜在意識には「嘘」が通じないからです。

そこで、おすすめなのがアファメーションです。これは、潜在意識に自分の望むことを語りかけて実現していく自己暗示のようなもので、スポーツの世界では普段から試合のイメージを自分のものにするためによく使われている方法です。

僕自身が使っていて、最も効果があったのが、語尾に「〜なりつつある」をつけるアファメーションです。

「私は幸せになる」と言い切ると感情がザワつき嘘になってしまう場合で

も、「私は幸せになりつつある」「私はお金持ちになりつつある」と現在進行形の言葉にして使うことで自分にとって嘘ではなくなり、感情の不一致も起こりにくいので、「現実」と「理想」に橋をかけることができるからです。

欲しくても手に入らないと感じているものに対しては、欲しい、欲しいと思うほどマイナスの感情が大きくなって夢が遠のいてしまいます。「〜なりつつある」を使って、上手に潜在意識に願いを届けていきましょう。

「〜なりつつある」は
最高に効果がある
アファメーション

05.

思考はポジティブでも、感情がネガティブでは意味がない。陥りやすい思考の罠にご用心

「ポジティブ思考は、ネガティブ思考より何百倍もパワーがあるはずなのに、寝る前にイメージングをやっても、うまくいきません。なぜですか？」

これは、僕のYouTubeチャンネルの視聴者からいただいた質問です。実はこれ、非常に引っかかりやすい思考の罠なんです。

寝る前は、日中使っていた顕在意識と寝ている間に活発に活動する潜在意識が、混在する時間です。特に、ウトウトしている状態のときは、潜在意識に情報が入りやすいゴールデンタイム。そのまま眠りにつけば、イメージした夢がすんなりと潜在意識に入っていくから効果が上がる。そこを狙って、ポジティブ思考で頑張っているのに、結果が出てこない……。おかしいですよね。その理由は、ポジティブ思考をしていない日常の感情状態が「不足感」に向いているからです。いくらポジティブ思考を一時的に頑張っても、常に感じている感情がネガティブなら、願いは届きません。

「お金持ちになる」と願いを伝えても、その裏で「無理、無理」と感情が否定していれば、願いは届きません。特に疲れているときは、自分でポジティブ思考をしているつもりでも、不足感を感じやすいので、ネガティブな感情のほうが強く出ていることもあります。


「なんとかして現実を変えなければならない」

「疲れているけど、頑張らなければならない」

と、思考の「〜しなければならない」シリーズが登場してくるようになったら、焦りが出ている証拠です。「今、どんな感情だろうか？」と1時間に1回でも、自分に語りかけて、感情をチェックしてみてください。

感情をチェックするときに、ポジティブな気分になるお守りを見てエネルギーを上げるなど、ちょっとした工夫をするだけでも、ネガティブな感情が薄らいでいくと思います。

積極的にアファメーションやイメージングをやろうと考えることは、とても素敵なことです。でも、大切なのは「感情」です。

「思考の根底にある感情が現実を作る」

ということをどうか忘れないでください。

「アファメーションは何回やればいいですか？　1回で効果がありますか？」という質問もよく頂きます。これも、何回やったと数えても意味がありません。繰り返し行って体に馴染ませ、潜在意識に浸透させていくことに意味があります。

一番大切なのは、感情です。アファメーションをどんな感情で行っているかチェックし、ネガティブな感情が強くなってきたら無理にやらないということも、大切な判断です。

僕自身も、負のループに囚《とら》われていたときは、「ポジティブ風」の思考ができていただけで、根底ではいつも「無理」だと感じていました。

こうなると、完全なエネルギー（気力）不足です。そのまま突き進むのではなく、まずはいったん休み、エネルギーを元の状態「ゼロ・ポイント」まで戻すことで、健全な思考回路が戻ってきます。

ポジティブ風な
思考ではなく、
ポジティブな
感情が大切

06. 居ても立ってもいられないほど、焦りや不安があるときは、一旦、頑張るのをやめましょう

潜在意識は、今、あなたが信じて感じていることを、後に現実にします。ということは、「今の現実を変えたい。だから変えるために頑張る」という発想をしている限り、あなたは現実を変えられません。

なぜだか、わかりますか？

「今の現実を変えたい＝現実は変わらないという確信」だからです。

うまくいかない現実にフォーカスすればするほど、「うまくいかない」という思いが強化され、潜在意識に刻印されてしまいます。

ですから、現実を変えたいと必死で頑張っている人ほど、叶わない。叶わないから余計に頑張るということを繰り返して、どんどんネガティブな発想になり、気がつかないうちに負のループにはまり込んでしまうのです。

何かしないといけないという焦りが強くなり、居ても立ってもいられな

くなる。不安が募ってくる。そんな状態になったら、危険信号です。

僕も、夢がなかなか叶わず負のループにはまっていたときは、コンビニでコーヒーを買っただけで、「ここでコーヒーを買ってる場合か！（他にやることがあるはずだ）」と自分の行動を否定し、眉間にシワを寄せながら常にイライラしていました。そんな毎日が続いていたら、悲惨な現実しかやってきません。

そこでどうするか。

変わろうという思考を手放しましょう！　仕事以外で現実を変えようとする行動を、一旦、やめてみてください。

多くの人は、「諦める＝目標が達成できない自分＝ダメな自分」と考えがちですが、それはまったく違います。

諦めない＝うまくいっていない自分の強化（気分が上がらない）であり、諦める＝現実の肯定（気分が上がる）だからです。

うまくいっていない現実でも、今あるもの、できていることにフォーカスできれば、気分が上がります。気分が上がれば視点が変わり、現実が楽しめるようになります。

現実が楽しめるようになってくると、現実が変わらないという「ない」ものから、現実はまぁまぁ楽しいという「ある」ものに意識がフォーカスしていきます。

「ある」ものに意識が向けば、感情は自然に上がっていくので、気分が上がり、元気になります。

そして元気になると、もはや現実を変えたいとは思わなくなります。なぜなら、元気になった日常で常に感じている感情は、不足感でも不安感でもなく、安心感だからです。

安心感を感じていると、潜在意識は、「より安心感を感じる現実を作り出そうとする」ので、自然と人生が好転していきます。

つまり、うまくいかない現実を諦めることは、逃げでも敗北でもなく、現実を変える「鍵」になりうるということ。

これだけは、知っておいてもらえたら、と思います。

諦める
⇩
「今あるもの」へのフォーカス
⇩
気分が上がる
⇩
現実が変わる

07.

執着してはいけないのはプロセスです。これを間違えると、夢はなかなか叶いません

願望実現をしていくときに、「執着をするのはいけないこと」と思っている人、とても多い気がします。実は僕にもそういう時期がありました。執着とは、「一つのことに心を囚われて、そこから離れられないこと」。どちらかと言うとネガティブな印象ですが、「執着をしなければいけないとき」と「執着をしてはいけないとき」があるので、そこを間違えないように整理しておきましょう。

執着をしなければいけないのは、自分の願望をはっきりさせていく最初の段階です。ここで執着をしないと、何も変わっていきません。願望（仕事や結婚、将来のライフスタイルなど）を具体的に描き、それを達成することで、どんな感情を得たいのか、そこまではとことん執着したほうがいいと思います。

一番大切なのは、願望を実現して得たい「感情」です。例えば、仕事で

成功することが願望なら、成功して感じたいのは、どんな幸福感なのか、それとも優越感なのか、貢献できているという充実感なのか、より具体的により深く感じていくことで、潜在意識に願望を伝えることができます。

逆に執着してはいけないのは願望実現の「プロセス」です。

最初にこれを実現し、次にこれを実現してというように、自分で願望実現までのプロセスをガチガチにしないこと。なぜかというと、プロセスを考えるのは潜在意識の仕事であり、自分でプロセスを考えてしまうと、潜在意識の邪魔をすることになってしまうからです。

自分で願望実現のプロセスを描いても、思い通りになることは、ほとんどありません。それは、顕在意識では知覚できない思いも寄らない展開を、潜在意識が用意しているからなのです。

自分の願望を顕在意識で明確にし、願望が実現したときの感情を感じて潜在意識に伝える習慣づけをしたら、プロセスは潜在意識にお任せする。するど、顕在意識に対して受け身の存在である潜在意識は、「わかりました」と言って、あなたが望む感情を感じられる現実を作ってくれるというイメージです。

潜在意識は、あなたのオーダーに対して「YES」としか言いません。未来に感じたい感情を伝えれば、必ず、望む感情を感じられる現実を作ってくれます。この潜在意識の役割を、よく覚えておいてください。

この潜在意識の役割を忘れて、あるいは、潜在意識の役割を知らずにプロセスに執着し続けると、厄介なことが起こります。

顕在意識で決めた通りに物事が展開しない場合は、「失敗した」「うまくいかない」というマイナスの感情が湧いてくるからです。

潜在意識には願望が実現したときの感情をオーダーしていたはずなのに、あなたがプロセスに執着して「失敗した」と感じてしまうと、潜在意識はあなたのオーダーが変更されたと受け取り、あなたが新しく感じている通り（失敗したという感情）の現実を作り出してしまうのです。

プロセスに介入することは、潜在意識の仕事に大きなブレーキをかけてしまうことになりかねません。ここを間違えると現実が変えられないので、潜在意識を信じてお任せすることが大切です。

未来で感じたい
感情を明確にしたら、
「プロセス」は、
潜在意識にお任せ

08.

現実がうまくいかないのは**エネルギー不足。**「**ゼロ・ポイント**」まで**リセット**することが大切です

「現実がうまくいかない。一体どうすればいいんでしょうか」という質問をたくさんいただきます。

うまくいかないときは行動しても結果が出ないし、感情も出てこない。それでも何かをしなければならないと焦り、なかなか睡眠も取れなくなり、どうしていいかわからない。これは本当に辛い状態だと思います。

僕も長い間、そんな状態の繰り返しでした。役者への夢を叶えるために頑張ってきましたが、ハリウッドへ短期留学をして何かが違うと感じ、僕は、夢を追いかけるのをやめることにしました。

周囲からは「もう、アイツも終わりだ」という顔をされ、僕は、「この人生、あと数年でいいかな」と思うほど疲れ果てていました。

それで何をしたか。人生の最後にやりたいことをリストにして、今まで

は「意味がない、時間の無駄」だと思っていたゲームや旅行、美味しいものを食べることを、約1年かけてじっくりと楽しむことにしました。

すると、「成功しなければならない」という呪縛から解放されて毎日を安心して過ごせるようになり、元気になり、しばらくすると、なぜか急に現実がうまく回り始めたのです。


そのときに気づいたのが、エネルギーが低い状態でいくら頑張っても、「夢は叶えられない！」ということでした。

エネルギーが高ければ、気分もよくなり、発想が軽くポジティブになり、物事がスムーズに動くようになります。夢を叶える力も強くなります。

でも、エネルギーが低ければ、気分が悪くなり、発想が重くネガティブになり、夢を叶える意志もなくなってしまいます。低エネルギー状態を脱しない限り、夢は叶いません。

左の図を見てください。これは、僕がYouTubeチャンネルで話をするときによく使っている図です。

横に引いた線の真ん中が「ゼロ・ポイント」。これは、誰もが元々持っているエネルギー状態、子どもの頃のような元気な状態で、ネガティブでもポジティブでもなく、思い込みがないパワフルな状態を表します。

ゼロ・ポイントの左側が、エネルギーがマイナスのネガティブゾーン。右側は、エネルギーがプラスのポジティブゾーン。

それぞれの持つエネルギーの力は、図の中に記した矢印のように雲泥の差があると思っています。

現実がうまくいかないなら、まずは「〜しなければならない」という呪縛に気づき、エネルギーを「ゼロ・ポイント」まで戻すことが先決です。「自らにかけた負荷」に気づくことで、エネルギーは自然に戻ってきます。

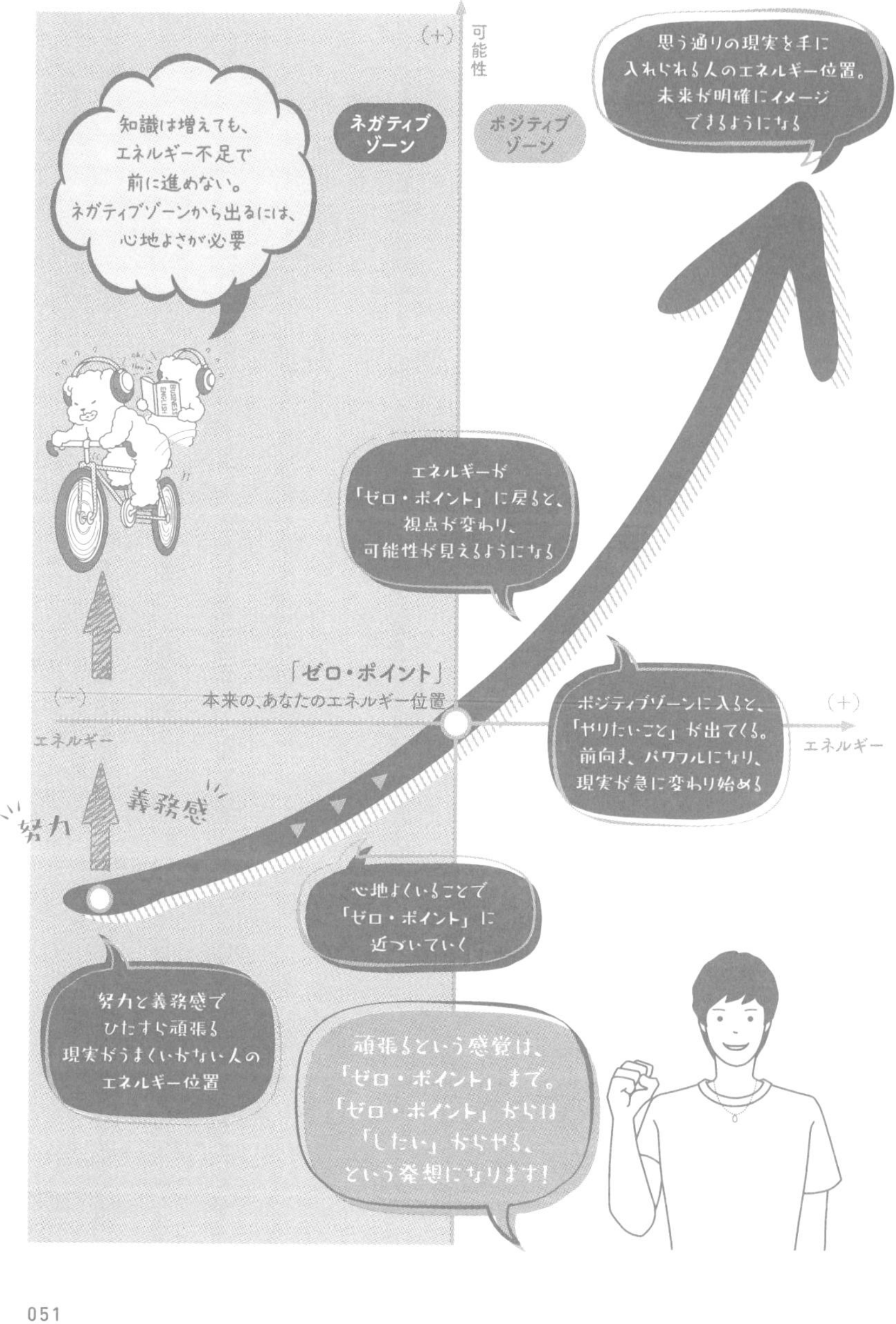

(+)
可能性
思う通りの現実を手に入れられる人のエネルギー位置。未来が明確にイメージできるようになる
知識は増えても、エネルギー不足で前に進めない。ネガティブゾーンから出るには、心地よさが必要
ネガティブゾーン
ポジティブゾーン
エネルギーが「ゼロ・ポイント」に戻ると、視点が変わり、可能性が見えるようになる
「ゼロ・ポイント」
本来の、あなたのエネルギー位置
(−)
エネルギー
(+)
エネルギー
ポジティブゾーンに入ると、「やりたいこと」が出てくる。前向き、パワフルになり、現実が急に変わり始める
努力
義務感
心地よくいることで「ゼロ・ポイント」に近づいていく
努力と義務感でひたすら頑張る現実がうまくいかない人のエネルギー位置
頑張るという感覚は、「ゼロ・ポイント」まで。「ゼロ・ポイント」からは「したい」からやる、という発想になります！

09.

現実は、過去の自分が作ったもの。変えたいと執着するより、エネルギーを戻して今と未来に目を向けましょう

あなたは、今の自分のエネルギー状態を把握していますか?

僕もそうでしたが、負のループに囚われているときは感情が湧かなくなっているので、疲れ果てていても自分の状態を認識できずに頑張り過ぎてしまうことが多いのです。

左の図は、過去の自分が、今の自分を作っていることと、ポジティブゾーンとネガティブゾーンのエネルギー状態をイメージしたものです。

ポジティブゾーンにいるときは、心地よいものに意識が向いているので、自分が望む理想の未来の方向にエネルギーが進み、次々に自分の目標や夢を叶えて、上昇気流に乗っていくことができます。

一方、ネガティブゾーンにいる場合は、過去の自分が作った今の現実を変えたいと執着しているため、エネルギーが過去に向いてしまい、負のループに囚われて未来へ進んでいくことができません。

ネガティブゾーン
ポジティブゾーン
今の自分を変えたい。もっと頑張らないと！
心地よくいるとやりたいことができる！
BUSINESS ENGLISH
0
（ゼロ・ポイント）
（−）
（＋）
エネルギー
過去の自分
現在の自分
過去の自分
過去の自分が作った現在の自分
現在感じている未来の自分
エネルギー
負のループ
ポジティブゾーンにいる人たちは、
心地よくいるだけで、
満足できる未来を手に入れています。
でも、ネガティブゾーンにいる人たちは、
不足感を埋めることばかり考えているので、
負のループから出られません

今の自分は過去の自分が作ったものです。その自分や今の現実が気に入らない、うまくいかないと嘆いても、過去に作ってしまったものは、もう変えられません。それなのに、今の現実を変えたいとしがみついているのは、時間の無駄使いだと思いませんか。

ネガティブゾーンにいるときの特徴があります。

- 「うまくいかない」「無理かもしれない」「叶わない」というネガティブな思考が止めどなく押し寄せてくる。
- 感情が湧かず、エネルギーが湧いてこない。
- 何年も負のループから抜けられずにいる。

いずれかに当てはまるなら、「現実を変えたい」という思考で頑張るよりも、重い荷物を手放してエネルギーを「ゼロ・ポイント」まで戻すことを考えてみてください。そうすれば、現実は動き出していきます。

「〜しなければならない」という重たい思考を手放した後は、日常で自分の好きなこと、心地よいことに意識を向けていけば、エネルギーがチャージされ、気分もよくなっていくはずです。

エネルギーが「ゼロ・ポイント」までリセットされれば、ベースの感情が「心地よさ」に変わるため、潜在意識と顕在意識の不和がほとんど起こらなくなり、人生がガラリと変わっていきます。

是非、体験してみてください。

「ゼロ・ポイント」
まで
エネルギーを
戻すことが
何よりも大切です

10.

現実を変える最良の方法は
とてもシンプルです。
心地よく、自分に正直でいること。
ただそれだけです

僕が、役者として成功する夢を叶えられなかった理由は、役者というものに純粋に心地よさを感じていたわけではなく、成功することで認められたいという「不足感」を埋めようとしていたからです。

そのことに薄々気づいていながら、一度決めたことに執着し、感情を無視して夢を追いかけ続けていました。現実を認めたくなくて、夢を追いかける自分を演じながら、10年という時間を無駄にして、高い代償を払ったと思います。でも、それだけの失敗経験があったからこそ、今こうして本を書いているわけです。

夢が叶わずに負のループにはまっていた僕が、夢を諦め、これからは「楽しいと感じることしかしない」と決めた途端に、今までムッとしながらやっていたレストランの仕事さえも楽しくなるという不思議が起こりました。

そしてその頃から、書物を読み、話を聞いて知っていた知識（思考の根底にある感情が現実を作る）は「やっぱり本当なんだ」と、自分の内側で確信に変わっていきました。

現実を大きく好転させていく方法は、とてもシンプルです。

「現実を変えなければならない」と必死になり、焦り、不安になるほど頑張っていることに気づき、自分の好きなこと、心地よいことに意識を向け、日々を心地よさで満たしていくこと。ただ、それだけで、いいのです。

ただし、潜在意識は、手強いです。

いつもそばにいて、あなたが呟いた愚痴も、怒りも、悲しみも、すべて受け取っています。

あなたが心から楽しんでいるのか、心地よさや充足感を感じているのか、やりたいことをやっているのか、やらないで後悔しているのか、まるでチェックをしているかのようです。

そんな潜在意識への対策はただ一つ。自分の気持ちに正直になること。

映画が観たいと思っているなら、仕事が忙しくても観に行く。テーマパークに行きたいと思ったら、一人でも行く。食べたいものがあったら、少し遠くても、食べに行く。

できる限り、やりたいことは全部やってみてください。そして、自分が好きなこと、心地よいことをしているときは、満足感をたっぷりと感じるようにしてください。

このくらい徹底してやらないと、「この人は満足しているんだな」ということが、潜在意識には伝わっていかないのです。

現実を変えようと頑張っていると、どうしても変えたいところや不足の部分に意識がいきます。時間があると、「～しなければならない」と、不安を埋めるだけの思考をするのも習慣になっていると思います。

不足に目を向けるのではなく、充足に目を向けてください。過去の反省をするのではなく、「今」を生きてください。心地よくいることは、生き方を根本から変えるということです。

「今」に満足を感じていれば、あなたが望んでいた満足を体感するような、素敵な現実がやってきます。

迷ったときは、
自分にとって
心地よい選択を
していきましょう!

11.

人は幸せになるように できています。 楽しんで チャレンジしてください

現実がうまくいかないとき、なんとか現状を変えようとして、過去の僕のようにいろいろなメソッドにトライする人がいます。

でも、もしもトライするのであれば信じてやってください。そして、自分に正直になってあげてください。

いろいろ勉強をして頭でっかちになっていくと、自分には知識があるのに現実がうまくいかないことが腹立たしくなり、現実を見ない、聞こうとしない状態になってしまうことがあります。以前の僕がそうでした。

そうなると、現実を見ていないので先へ進めない。自分だけの世界に入ってしまい次の行動につながりません。

自分の感じている感情を無視しようとすると、マイナスの感情を活性化させるので、さらに不足部分に意識が向くようになってしまいます。

そんなときは一度立ち止まり、深呼吸をしましょう。

現実を「努力なしで変えていく」方法が、エネルギーを「ゼロ・ポイント」にリセットする方法だと、僕は思っています。

「ゼロ・ポイント」のエネルギーとは、その人が元々持っている本来のエネルギー。子どもの頃のあのワクワクするような元気なエネルギーのことです。

人間関係や仕事で疲弊したエネルギーを、そこまで戻すことさえできれば、それだけで、物事がうまく回り始めるはずです。過去の僕のように。

その間、一番大切なのは、心地よい状態をキープしていくことです。意識のキープが安定してできるようになると、現実が少しずつ変わっていきます。意識をキープするときのポイントは、何度も言いますが、「心地よい」かどうかです。自分にとっての「心地よさ」とは何かを、しっかり摑んでおけば、それが揺るがない自分の軸となります。

心地よい毎日を過ごしていれば、心地よい現実がやってきます。

今に満足していれば、満足な現実がやってきます。

ポジティブな発想をしていれば、ポジティブな現実がやってきます。

人を愛する毎日を送っていれば、愛される現実がやってきます。


あなたの信じていること、そして感じていることが現実になっていきます。

人は、幸せになるためのエネルギーをすでに持っています。

現実を変えるための悪戦苦闘にエネルギーを使うのではなく、自分を幸せにするために「今」、エネルギーを使ってください。


これから紹介するのは、現実を心地よく最速で変えていく方法です。

数か月後のあなたの変化を楽しみにしています。


では、また。

あなたの変化が、
楽しみ
ゼロ・リセットすれば
絶対、
大丈夫！

COLUMN

02 自分だけの心地よさを見つける簡単ワーク

❶ 自分が好きなもの、興味あるものを、ジャンル問わず書き出してみてください。

❷ ❶でリストアップしたものの中から、考えているだけで気分がよくなるものを選んでください。

❸ ❷でリストアップしたものの中から、
「体験できるもの（五感を刺激するもの。例：コーヒー、映画、音楽など）」を3つ選んでください
（すぐに手に入らないものは除きます）。

第2章

最速でゼロ・リセットする28の方法

何をやってもうまくいかず、
負の無限ループから抜け出せずに
苦しんでいた人も、
自分のエネルギーを元の状態
「ゼロ・ポイント」に戻せば、
必ず現実は変わります。
第2章では、その具体的な方法を
段階的に紹介していきます。

ゼロ・ポイント

ゼロ・リセットする方法
レベル1

最初のステップ、〈レベル1〉は、
エネルギーを回復させ、
自分の「心地よさ」を見つけ、
自分の軸を作っていくための
重要なフェーズです。
〈レベル3〉まで続ければ、
最速3か月で負のループから
抜け出すことができると思います。

「ゼロ・ポイント」
まで戻るのが目標

01.

「何をやってもうまくいかない!」怒りの感情も、視点を変えると、負のループから抜け出すエネルギーとして使えます

物事がうまくいかないときは、迷い、悩み、不安になり、やがて怒りの感情が渦巻いてくるものです。

「何をやってもうまくいかない！　なんで私ばっかりこんな目に……」「何も変わらない！　私はこんなところにいる人間じゃない!!」

多くの人から、そんな悩みを聞いてきました。そして僕自身も、役者への夢が実現できずにいた頃は、朝から晩まで怒りをぶちまけていました。

今の感情や信じていることが潜在意識に刻印されて現実が作られるのですから、不満と怒りの日々を過ごしていたら負のループに引きずり込まれるのは当然です。でも、過去の自分が作ってしまった今の現実は、物事に対する解釈以外は、基本的に変えることはできません。それに怒りをぶつけても、意味がないんです。

でも、怒りのエネルギーを自分の内側で消化することができれば、負の

ループから抜け出す後押しをしてくれます。なぜなら、「怒り」には、自分の願望が隠されていることがあるからです。

「自分はこんなところにいる人間じゃない」と怒っているなら、「本当は何がしたい？　どんな人間になって、どんな生活がしたい？」と自分に問いかけてみてください。たぶん、今まで考えたこともなかった答えが出てくるはずです。

まず、あなたが進む方向や目的地をしっかり確認することが、大切です。

今が嫌なら、
本当は何がしたい？
どんな人間になり、
どんな
生活がしたい？

夢が叶わないことが問題ではなく「叶わない」という思考に「今」フォーカスしていることが問題です

02.

今のままでは不安だから、先が見えないからと、資格に挑戦したり、起業講座に通っている人、多いですよね。本当にみなさん頑張っている。

でも、どんなに頑張っていても、根底にある思考が「不安だから、つまらないから、今の自分を変えたいから」という「今」の自分を否定するものであり、同時に嫌な感情を感じているなら、自分を否定するような現実がやってくるので、現実は変わりません。

そこで、あなたに質問です。

「執着している夢を諦めてください。今のままでいいんです」と言われたら、あなたはどう思いますか？　鏡に向かって答えてみてください。

前傾姿勢で眉間にシワが寄り、厳しい表情になっていませんか？　鏡に映った顔は、あなたの「今」の現実であると同時に、未来でもあります。

負の感情に満ちているときは、エネルギーもマイナス状態。そこで頑張っても、夢は叶いません。まず、負の感情に気づいてください。

夢が叶わないのが問題なのではなく、「叶わない」という思考に執着し、「今」フォーカスしていることが問題なのです。「今」の現実のなかでも、少しでもポジティブな部分に意識を向けていくことが、望まない現実を、望むものに変えていく方法です。

03.

食べ物、洋服、本、映画……。日常生活で選択するものは、すべて「好き」で選ぶことが、心地よい毎日の基礎作りです

朝起きてから寝るまで、何かを選ぶときは、必ず「好き」「心地よい」を基準にして選ぶ。人の受け売りではない、「自分の好き」を意識的に見つけていく。実はこれが、ものすごく大事なことなのです。なぜなら、常に心地よい状態にあることが、現実を好転させる鍵だからです。

負のループに囚われているときは、嫌なことばかりが目につくために、「好き」を見つける感度が鈍っています。僕も、映画への夢を諦めた直後は、好きなものが何もない抜け殻のような状態でした。そんなときに見つけた「好き」が、コーヒーでした。

毎朝、仕事に行く前にコンビニに寄り、好きなコーヒーを飲む。これだけのことですが、10分でもほっとする時間が持てると、今日も頑張ろうという気になってきます。夜は、寝る前に好きな本を読むことを習慣にしました。「家に帰ったら好きな本の続きが読める」と思うと、たとえ職場で

嫌な思いをしても、頑張れる。不満や怒りではなく、好きなものに意識を向けることで日常は変わってきます。

64ページの「自分だけの心地よさを見つける簡単ワーク」を実践しながら、さらに自分の「好き」を増やす左のワークも行っていきましょう。

3つのステップを繰り返していくと、自分の好きがどんどん増えていきます。自分の好きや心地よさを知ることは、自分を知ることでもあります。

1stステップ

自分の好きなもの、
興味を持ったものを、
ノートに書き出し、
毎日増やしていく。

2ndステップ

1週間に一度、
自分のベスト10を選ぶ

3rdステップ

1か月に一度、
自分のベスト3を選ぶ

04.

嫌なことを深掘りするのは、エネルギーの無駄使い。嫌なことが起こったら、「はい、過去」でリセットを

「仕事がうまくいかない」「上司がイラつく」「お金がない」……。毎日眉間にシワを寄せて悩んでいると、考えが悪いほうへ、重いほうへと引っ張られ、気分が重くなり、どんどんエネルギーがマイナスの方向へ行ってしまいます。

それでも現状を変えようと「嫌なこと」を深掘りし、アレコレ考えてしまうと、さらにエネルギーが低下して状況が悪化する。これを繰り返して陥っていくのが、「負の無限ループ」です。

問題を解決するために勉強をしたり、セミナーに参加することで、気分が紛れて状況が回復したように感じることがあるかもしれません。でも、自分の意識や感情がいつも「嫌なこと」に向いていたら、その感情が現実を作るので、自分にとっても嫌な現実しかやってきません。

何より、エネルギー不足の状態では、現実を変えることも、夢を叶える

こともできません。

では、嫌なことが起きたら、どう対処するか。

一呼吸おいて、心の中で、「はい、過去」と現実を無視する。なぜなら、今、見ている現実は、過去の自分が作り出したものだからです。嫌な現実（過去作品）に反応しなければ、エネルギーは減りません。

そして、「好きなこと」に意識を向けて気分を上げ、心地よくいられる時間を増やしていく。これが、人生を変えるための鉄則です。

会社で嫌なことがあったら、「はい、過去。後で好きなコーヒーを飲もう」でリセット。上司に嫌味を言われたら、「はい、過去。家に帰ったら好きなマンガを読もう」でリセット。

そんな風に意識を切り替えることができるようになれば、エネルギーの無駄使いを防ぐことができ、次第に元気が戻ってきます。

05.

悩み、迷いがあるときは、思い切って寝る。エネルギーを回復させ、感情を整えましょう

毎日、ちゃんと寝ていますか？

僕のオンライン講座の受講生から、「いろいろ考えてしまうのであまり眠れない」と相談をされたことがあります。

なかには「自分の好きなものが見つからない。嫌なことが起きたときに、『はい、過去』なんて思えない。問題が山積みなのに、寝ていいんですか？」と言う人もいます。

多くの人が、自分の体が悲鳴をあげていることにも気づかず、寝る間も惜しんで、自分で問題を解決しようと頑張っている。とても真面目です。

でも、寝たいときは寝ましょう。「寝てはいけない」という思考は、現実に対して焦りを感じているときに、よく出てきます。

寝たいときは思い切って寝る。寝たいときに寝ることができるのは、「寝ても大丈夫」という安心感に裏打ちされた行為なのです。

たっぷり寝ることによって体も元気になり、感情も整います。自分の体にエネルギーが戻ってくるまでは、1日7~8時間の睡眠をキープするといいですね。そして、しっかり食べることも大切です。基本をおろそかにしていないか、確認していきましょう。

06. 負のループに囚われている人は、エネルギー不足で酸欠状態。呼吸を整えることが、心地よくいるための基本です

現実を好転させる鍵は、「常に心地よい状態でいること」だと言いました。意外と忘れがちですが、心地よくいるための基本は、まず呼吸です。

感情が乱れると呼吸が乱れるように、心と体は連動しています。ストレスを感じると呼吸はいつの間にか浅くなり、血液中の酸素が不足して、脳や自律神経に影響を及ぼします。

負のループに囚われている人は、エネルギー不足で酸欠状態。そこで、頑張ってもすぐに疲れてしまう、集中力がもたない、イライラしやすいということが起こってくるのです。

心地よくいるとは、感情に振り回されず、望むものに意識を向けてゆったりとしていること。

呼吸をゆっくり行うと、全身に酸素が回って頭がスッキリするだけでなく、寝ているときやリラックスをしているときに働く副交感神経が活性化

されるため、気分が落ち着き、緊張がほぐれます。

朝起きたら、まず呼吸を整える。疲れたと感じたとき、イライラしているときも、深呼吸でリセットしましょう。

僕は、毎朝、好きなコーヒーを飲みながら、ゆっくりと呼吸をすることにしています。散歩をしながら深呼吸をするのもいいですね。自分が一番心地よくなれる習慣を見つけましょう。

07.
「頑張らなければならない」と自分で高くしたハードルを下げ、不足感ではなく充足感、満足感に、意識を向けましょう

エネルギーを回復していくには、自分の「好き」や「心地よさ」を増やすと同時に、「充足感」「満足感」に意識を向けることが大切です。

なぜなら、負のループに囚われてしまう人は、自分でハードルを高くして真面目に取り組む頑張り屋さんが多いため、「完璧でなければならない」「マイナス点があってはならない」と、最初に不足の部分を探してしまう傾向があるからです。

不足感を感じていたら、やがて、不足を感じる現実がやってきます。そうならないために、まず、自分で勝手に高くしてしまったハードルを下げましょう。そして、「充足感」「満足感」に意識を向けられるように、ものの見方を変えていくトレーニングをしていきましょう。

同じような一日を過ごしても、「今日はあれもできなかった、これもできなかった」と考える人と、「今日はここまでできた」と考える人では、

一日の充足感や満足感がまったく違ってきます。

「バスが行ってしまった。なんて運が悪いんだ」と落ち込むのではなく、「歩けばダイエットになる、得した」と考えるなど、様々な場面でものの見方を変えていくと、やがてそれが自分の習慣になっていきます。

視点を変えれば、「充足感」「満足感」を手に入れることは、案外簡単。

自分の思考や感情が現実を作るとは、こういうことです。

08.

部屋の片付けは簡単に運気を上げる方法。心地よい空間を作ると、エネルギーは自然に上がります

「部屋を片付けると運気が上がりますか？」と質問されることがよくあります。答えはＹＥＳです。でも、これ、当然のことなんです。

部屋を片付けるとは、いらないものを片付け、過去を捨てること。つまり「今にいる」決意をすることであり、人生を変えていくという信念の表れでもあるからです。その決意が潜在意識に刻印されていくと、現実は緩やかに変化していきます。

毎日を心地よく過ごすことで現実が好転していくのですから、心地よい環境が作れればエネルギーが自然と上がり、また、心地よい空間は日々の充足感、満足感を上げてくれます。

ただし、片付けが苦手だという人もいますよね。そういう人がイヤイヤ片付けを行うと、やはりエネルギーは落ちてしまうので、これだけは実践してほしい運気を上げる部屋の整え方を、２つ紹介しておきます。

部屋の中で大切な場所は、まず、運気の通り道になる玄関です。外で起きた嫌なことを家の中に持ち込まないために、自分が好きな香りや照明などを置いて、気持ちをリセットできる場所にしておくのがおすすめです。僕は、一番好きな香りのコーヒー豆を置いています。

長い時間過ごすリビングや寝室には、一番目につく場所に自分が一番好きなものを置いておきましょう。自分が好きなものは、ネガティブな感情が湧いてきたときに気分を変えてくれる守り神になってくれます。

部屋の片付けは、
一番簡単に
運気を上げる方法。
まず、玄関から

09.

エネルギーが回復してきても、不安があるときは動かない。理想に目を向けて「ゼロ・ポイント」に戻すことに集中を！

エネルギーを回復させるための〈レベル1〉をここまで実践してくると、どん底状態から脱出できたことが実感できるかもしれません。

そうなると、早く夢を叶えたい、自分を変えたいという焦りが出てきます。「動いてみようかな」「動くべきかな」「動かなければならない」と、気持ちが動き始めるのですが、ここで動くのは、ＮＧです。

心の底に焦りや不安があるときは動かない。何度も言いますが、今、感じていることをベースに未来は作られていきます。多くの人が「現実を変えたい！」と思いながら失敗してしまうのは、不安な感情があるのに動いて、今ある現実を変えようとベクトルを外に向けて戦ってしまうからです。

今ある現実は、過去の自分が作ったものですから、基本的に変えられません。それなのに変えようとジタバタするのは、エネルギーの無駄使い。心も体も疲れ果てて当然です。すでに変えられない今ある現実（自分が過去に作ったもの）を相手にしている限り、戦いは終わりません。このロジックを、徹底的に理解することが大切です。

今は、うまくいっていない現実から意識をそらし、自分の内側にベクトルを向け、心地よさに意識を集中して「ゼロ・ポイント」まで戻ることを優先しましょう。「ゼロ・ポイント」まで戻ると、自然とプラスの方向に動きたくなってきます。それまでは、自分の内側に集中しましょう。

今の現実は、
過去のあなたが
作ったもの。
ジタバタせず、
内側に集中！

ゼロ・リセットする方法
レベル２

ゼロ・ポイント

エネルギーが少し戻り
元気になってきたら、
〈レベル１〉で見つけた自分にとっての
「心地よさ」を、行動に移していくのが、
〈レベル２〉のテーマです。

毎朝、好きなコーヒーを飲む。
好きな音楽を聴く……。
小さな習慣で心地よさを取り戻し、

「言葉」のパワーを理解することで
気分を心地よく整えていきましょう。
言葉はエネルギーです。
外からの嫌な言葉はブロックし、
自分の言葉は潜在意識にも
聞こえているので、意識的に。
それだけのことで、気分が変わり、
運気も上がっていきます。

10. 言葉は未来を作ります。悪口・愚痴は嫌なことを引き寄せ、エネルギーを下げるのでNGです

言葉はその人の信念の表れであり、未来を作るものです。「できない、ダメ、無理」と言い続けていたら、後にそういう現実がやってきます。何をやってもうまくいかなかったときの僕も、「ムカつく」「ぶっ飛ばす」と、暴言を吐き、うまくいかない現実を引き寄せていました。

なぜそうなるかというと、自分が発した言葉を自分で聞くことは、潜在意識に指令を出しているのと同じことだからです。

言葉、そして今の感情が、自分の未来を作っています。だからこそ、注意して欲しいのが悪口や陰口、愚痴。これは言わないほうがいいですね。

例えば、会社の同僚や友人と、上司や知り合いの悪口を言っているときを想像してみてください。これまで起こった「嫌なこと」に意識が向き、「嫌な感情」がどんどん乗ってきて、そこに巻きついている過去の記憶や感情まで炙り出されてくるはずです。

悪口を言いながら憂さ晴らしをやっていたら、嫌なことを引き寄せ、エネルギーはマイナス方向に行くだけ。自分から、絶望に転落するための「負のワークショップ」をやっているようなものです。

「あいつ、ムカつく」と思ったとき、「あいつ、ムカつく。ま、面白いけどね」と、語尾に「ま、面白いけどね」などのプラスの言葉をつけて中和させればギリギリセーフです。嫌なことを引き寄せる言葉は、使わない！ 使ってしまったら修正をしておく。これ、とても大事です。

悪口の後に
「ま、面白いけどね」
などを加えて、
プラスに変換！

11. 嫌な意見に相槌を打ってしまったら、「ただし、私は例外」と心の中でつぶやいて拒否。これで自己嫌悪に陥りません

自分で悪口は言わなくても、会社の仲間や友だちと話しているうちにネガティブな話題に巻き込まれてしまうこと、あると思います。

悪口を聞いているだけでもモヤモヤした嫌な気分が広がっていくのに、人の話に相槌を打ち、ご機嫌を損ねないようにしなければならない。この状況は、かなりキツイです。

本心では同意をしていないのに、人の意見に相槌を打ち、上司の言葉に思ってもいないお世辞で対応したりしていると、「あぁ、心にもないことを言ってしまった」と自己嫌悪に陥ることがあるはずです。

これを続けていると、「自分に嘘をついているから自己否定になり、否定的な現実がやってくる」というパターンが繰り返されてしまいます。

そこで、どうするか。人間関係も大切にしなければいけないので、相槌を打つのは仕方がありません。でも相槌の後で、心の中で必ずこうつぶや

きましょう。「ただし、私は例外だけど」と。

「そうですか。いいですね（ただし、私は例外だけど）」

「そうですね。あり得ないですよね（ただし、私は例外だけど）」

つまり、心の中で「私は同意をしていません」と宣言をするわけです。内側でしっかり拒否をしておけば、自己否定は起きません。人間関係が苦手で自分の意見が言えないと悩んでいる人は、いろいろな場面でこの方法を使ってみるといいですね。

相槌を打つ、
お世辞を言う

↓

気分が悪くなる

↓

自己否定に
つながる

↓

否定的な現実を
引き寄せる

12.
「最高!」「大丈夫」自己肯定感を高める言葉でエネルギーを高め、潜在意識を書き換えましょう

自己否定をしていると不愉快な現実がやってくるなら、自己肯定すれば愉快な現実がやってくるはず。そこで、積極的に活用したいのが、自己肯定感を高める言葉です。

言葉には独自のパワーがあるので、そのパワーを心と体で感じることでエネルギーが満ち、現実が変わっていきます。しかも、言葉のパワーはダイレクトに潜在意識に伝わるため、現実を変えていくスピードも速くなります。ここで最強の言葉を2つ、紹介しておきましょう。

1つ目の言葉は「最高!」。普通はいいことがあったときに使いますが、実は、嫌なことが起きたときでも使える最強の言葉です。

例えば、「最悪」「ヤバイ」と言いたくなる状態のときに「最高!」と言ってみる。すると、「最高!」とは到底思えないのに、その言葉を使っている自分に対して思わず笑ってしまいます。その瞬間、最悪な状態を俯瞰

的に見ることができるようになります。

リアルな状況を笑えるとき、はじめて、「現実は解釈次第で変えられる」ということに気づきます。

このことに気づけたら、大きな前進です。「最高！」を口癖にして、自己肯定感を高めていきましょう。

2つ目の言葉は「大丈夫」。何が大丈夫なのか根拠がないので、どんな場面で使っても顕在意識に否定されることがない便利な言葉です。しかも、「大丈夫」と言うだけでなぜか安心でき、リラックスできます。

今、不安を感じているなら、自分に向かって「大丈夫」と言ってあげてください。言葉をかけるだけで、緊張していた肩の力が抜けて、エネルギーが回復していくのがわかるはずです。

13.

「なんかわからないけど」という魔法の言葉をプラスして、願望を実現する。想定外の奇跡が起こります

夢を叶えたくても、心の底で「難しい……」と感じていたら、夢は叶いません。自分が信じ、感じていることが現実になるので、想定外の奇跡（難しいと思っているのに、夢が叶う）は起こりません。

そこで、どうするか。僕が実践して最も効果的だったのが、「なんかわからないけど」という言葉をプラスし、潜在意識に願望を伝える方法です。

人は、結果を出すまでのプロセスに対して、無理とか、難しいという判断をします。でも、「なんかわからないけど」は、プロセスを潜在意識に委ねるので、見えない力も使うことができ、ミラクルも信じられる。この言葉をプラスすることで、起こしたい奇跡を自分にとって「想定内」にしていくわけです。

「なんかわからないけど、仕事が見つかる」「なんかわからないけど、宝くじが当たる」「なんかわからないけど、1年後に結婚する」……。使い方は無限。夢を叶える魔法の言葉です。

潜在意識は**想定外**の願望を叶えることができない

（潜在意識は受け身なので、顕在意識が「無理・ダメ」と感じていたら、顕在意識のオーダーにYESとしか言えないため）

↓

叶えたい願望を想定内にするために
不確定要素「なんかわからないけど」を
入れて潜在意識に刻印する

↓

願望が顕在意識の**想定内**になっていく

（結果を出すまでのプロセスに不確定要素を入れたことで、「無理・ダメ」という感覚が薄くなる）

↓

願望実現の**可能性**が増えていく

↓

可能性を感じると**エネルギー**が上がり、
夢の**実現**が近くなる

14. 自分の夢を叶えるための
テーマ曲を持って
感情とイメージの強度を高めると、
現実を変える速度が上がります

音楽は、聴くだけで気分を切り替えてくれるだけでなく、感情とイメージを豊かにし、強くしてくれる最強のアイテムです。

スポーツ選手が、本番前に自分の好きな曲を聴いて集中しているのも、音楽によって自分の感情やイメージを高めていけるからです。

そこで、ぜひやってほしいのが、自分の夢を叶えるためのテーマ曲を持つことです。繰り返し聴くことで、感情やイメージが強化されて潜在意識に伝わるため、現実を変えていく速度が変わってきます。

テーマ曲を選ぶポイントは、自分の夢を想起させ、「自分が欲しい未来の感情になれる曲」であること。ただし、気をつけてほしいのは、たとえ好きな曲でも、悲しい気持ちや切ない気持ちになってしまうものは選ばないことです。テーマ曲を決めたら、1日2回、朝と夜に自分の夢をイメージしながら聴くようにします。

僕は大学受験のときに、映画『ロッキー』のテーマ曲を聴きながら、約1年間、朝と夕方に犬の散歩をしていました。聴いている間、自分で作った「受験に合格して嬉しい」というストーリーをイメージしていると、モチベーションが上がり、やる気が満ちてくる感じでした。そしてある日の散歩中、尋常ではないほどの感情が溢れてきて、「受かった」と直感したことがあります。イメージしていることが潜在意識に届けば、やがて現実になります。ぜひ、続けてみてください。

テーマ曲を選んだら、
未来のストーリーを
イメージしながら
聴くのがポイント!

15.

願いをはね除《の》けてしまうのが、ジェラシーという感情。「おめでとう、自分」と喜ぶことで、自分にも幸せがやってきます

夢を叶えるときに、これを持っていたら絶対に叶わないという感情があります。それが、ジェラシー。嫉妬です。

僕はそのことに気がつかず、長い間、「役者になりたい」と夢を追いながら、役者として成功した人に嫉妬をして、文句ばかり言っていました。

これでは夢は叶いません。

なぜなら、潜在意識は、現実と想像を区別せず、繰り返された思考や感情を、オーダーだと思って受け取り、現実化していくからです。

つまり、「役者になりたい」という願望より、「なんであいつが成功したんだ！」と、他の人の幸せを嫉妬する感情のほうが強ければ、嫉妬に満ちた現実がやってくることになるのです。

そこでどうするか。外側にベクトルを向けて嫉妬をするのではなく、自分の内側にある夢や心地よさにベクトルを向け、集中することです。そして、自分の欲しいものを他人が手に入れたときは、チャンスです。「おめ

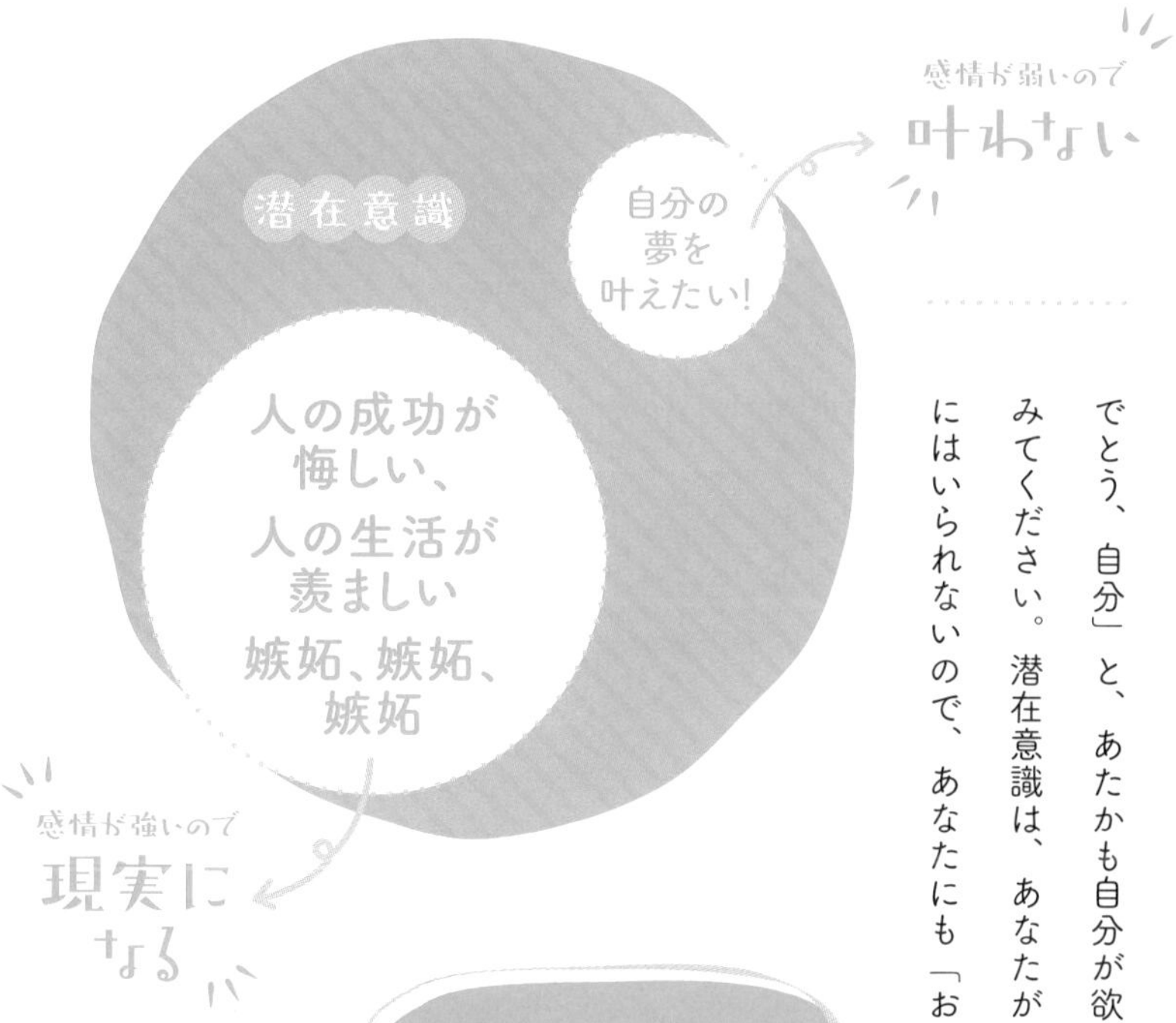
潜在意識
自分の夢を叶えたい!
感情が弱いので
叶わない
人の成功が悔しい、人の生活が羨ましい
嫉妬、嫉妬、嫉妬
感情が強いので
現実になる

潜在意識に、多く刻印された感情が現実になります

でとう、自分」と、あたかも自分が欲しいものを手に入れた気分に浸ってみてください。潜在意識は、あなたが「今、感じていること」を実現せずにはいられないので、あなたにも「おめでとう」がやってきます。

16. 成功している人の外見や行動だけを真似するのは、意味がないのでやめる。大切なのは、内側。信念です

言葉や行動を変えると、気分が変わり、エネルギーも変わります。それならば、成功している人の行動を真似ると、成功に近づくのでは？　と考える人がいますが、それは違います。

行動とは、その人独自の信念から発生しているものです。つまり、信念が違うのであれば、同じ行動をしても結果は出ません。ベース（信じていること）は人それぞれ違うので、真似をしても意味がないのです。

人の行動など、外側に目が行くときは、実を言うと、自分の内側のエネルギーが低くなっていることが多いのです。

そういうときは、ベクトルを自分の内側にしっかり向けて、自分はどうしたいのかを考え、自分の心地よさを見つめ直してください。

そして、好きなことをもっと日常に取り入れ、エネルギーを上げていく

ようにします。64ページで行った「自分だけの心地よさを見つける簡単ワーク」で書き出した自分の好きなことを定期的に見直してみることで新しい発見があるかもしれません。

充足感、満足感を感じる時間が増えてエネルギーが高まってくると、外側に意識が向かなくなってきます。自分の内側を充実させていくことが、「こういう自分でありたい」という信念を固めていくことにつながります。

行動は、
個人の真実＝信念
から発生するもの。
外側だけ真似しても、
ダメですよ

17.

「感謝すると、人生がうまくいく」と本に書かれていても、本心から感謝できないときに無理に感謝をしないでください

人生の成功について説いた本を読んでいると、よく出てくるのが、「感謝をすると、人生がうまくいく」というフレーズです。

何度も目にしているうちに、「感謝は大切」「感謝しなければ人生はうまくいかない」という刷り込みが起こってきます。でも、「感謝しよう」「感謝をしなければならない」と考えるのはＮＧ。

「～しなければならない」と考えている時点で、不足の感情、自己否定の感情に意識が向き、エネルギーがどんどん消耗していきます。それに気づかずに続けていると、負の無限ループへ逆戻りしてしまいます。

感謝とは、「物事や人に対してありがたいと思う感情」のこと。無理に「絞り出すもの」ではなく、自然と、心の底から湧いてくるものです。

ゼロ・ポイントまでエネルギーを戻していくこの段階でやるべきことは、無理に感謝を絞り出すことではなく、自分の心地よさに目を向けて、でき

ることを積み上げていくこと。それができてゼロ・ポイントまでエネルギーが戻れば、感謝の気持ちは自然と湧いてきます。

人生を変えたいと真面目に頑張っている人ほど、「感謝しなければ」と思い込みがちです。もしも今、あなたがそう思っていたら、一旦、「感謝」をやめて、自分の好きなことに目を向けてください。現実が変わるスピードが、少し速くなるはずです。

感謝は湧き出るもの。
絞り出すもの
ではありません

18.

小さなことでいい。実践できたことを確認し、自分の変化への確信を深めていきましょう

〈レベル2〉も後半に入ってきたので、かなり元気になってきたと思います。けれども、大きな変化があるわけではない。そうすると、「この本を読んでみようか」「YouTubeで参考になりそうな動画を探してみようか」と、また、気持ちがザワついてきます。

その根底にあるのは、「このままで大丈夫なのだろうか」という不安と焦り、そして、「これをやっていて変われるのか」という疑いです。

「自分の心地よさを追求していくだけで変われますか?」と聞かれることがありますが、不安や焦りを埋める行動をしているよりは、確実に結果が出ます。心地よい自分であれば、心地よい現実がやってくる。不安や焦りを感じていれば、不安な現実がやってくるだけだからです。

そこでちょっと、振り返ってみましょう。「こうなりたい」「こんな心地

よさが欲しい」と思い、これまで日常で実践してきたことを書き出してみてください。「毎朝コーヒーを飲む」「寝る前に好きな本を読む」といった小さなことで構いません。実践できていれば、これからも現実を変えていけるという自信につながります。

そしてまだ、何もできていないなら、小さなことから「やろう」「してみよう」と静かに決断をしていきましょう。

19. 新しいことを始めるときは、メリットとデメリットを書き出し、考えを整理すると最初の一歩が踏み出しやすくなります

新しいことを始めるとき、最初の一歩がなかなか踏み出せないことがあります。そんなときは、トライすることで得られるメリットとデメリットを書き出してみると、考えが整理されて決断しやすくなります。

例えば、新しい仕事を始めるべきかと悩んでいるなら、その仕事で得られるメリット（収入が上がる、経験が積めるなど）と、デメリット（自分の時間が少なくなる、責任が重いなど）を書き出してみます。

その上で、自分にとってプラスになると判断したら、迷わずに動きましょう。今、信じていることが未来の現実になっていきます。

ただし、決断をしたつもりでも、「もしも嫌なことが起きたらどうしよう」とマイナス方向（デメリット）に意識を向けていると、疑っているものを引き寄せて、悩みが拡大していくので、物事がうまく動かなくなってしまいます。

メリット

- 好きな仕事ができる
- 収入が上がる
- 経験が積める

デメリット

- 自分の時間が少なくなる
- 責任が重い
- 以前より通勤時間が長くなる

始める前から、「もしも嫌なことが起きたら……」と怖がっていると、思い込みでチャンスを潰してしまうことになりかねません。自分で決断したら、望まないものではなく、望むものに意識を向けること。何か起きたら、そのときに立ち止まって考えればいいのです。

〈レベル1〉は、
エネルギーを回復しながら
好きなもの、心地よいものを見つけ、
自分の軸を作っていくフェーズ。
〈レベル2〉は、
自分で見つけた心地よさを
行動に移しながら、人間関係も
心地よく整えていくフェーズ。

ゼロ・ポイント

ゼロ・リセットする方法
レベル3

そして最後の〈レベル3〉は、
心地よさを強化していくフェーズです。
好きなことをして、感情を感じる。
理想の自分を演じて、感情を感じる。
意識を向けることで感情を強くしていきます。
「感情が現実を作る」のですから、
自分の望む感情で生きていけば、
必ず、望んだ通りの人生になります。

「ゼロ・ポイント」まで戻るとこんなに元気になるんだ

20.

夢が叶ったときの感情になり、「よし!」と言いながらガッツポーズを。夢を引き寄せましょう

〈レベル3〉になると、負の感情しか持てなかったときに比べて驚くほど感情が豊かになってきます。心地よいことや叶えたい夢を常に感じていると、「この夢はいけるかもしれない」と、直感も冴えてきます。

夢の実現が描けるようになってきたら、是非やって欲しいのが、夢を手に入れたときの感情になり、「よし!」とガッツポーズをすることです。

潜在意識は現実と想像の区別がつかないので、夢を手に入れたときの感情になってガッツポーズをすると、本当に手に入ったと錯覚します。

ちなみに僕は、夜、ベッドに入ってから、自分の好きな音楽を聴き、腕を上に高く突き上げて、「よしきた!」とガッツポーズをしてエネルギーを上げるということをしていました。すると、ぐっすり眠ることができ、翌朝もエネルギーの高い状態で起きられるようになりました。

僕がガッツポーズをナイトルーティンに取り入れたのは、悩みがどうや

っても振り切れなかったときに、ガッツポーズで振り切ろうと考えたのがスタートでした。やってみると、グルグル回っていた悩みが一気に止まって、逆に高揚感が出てきたのです。これは、今までにない経験でした。

ガッツポーズなんて恥ずかしいという人もいると思いますが、自分のエネルギーを上げていくルーティンとして取り入れていくと、また、ステージが変わり、自分の殻が破れるのではないかと思います。

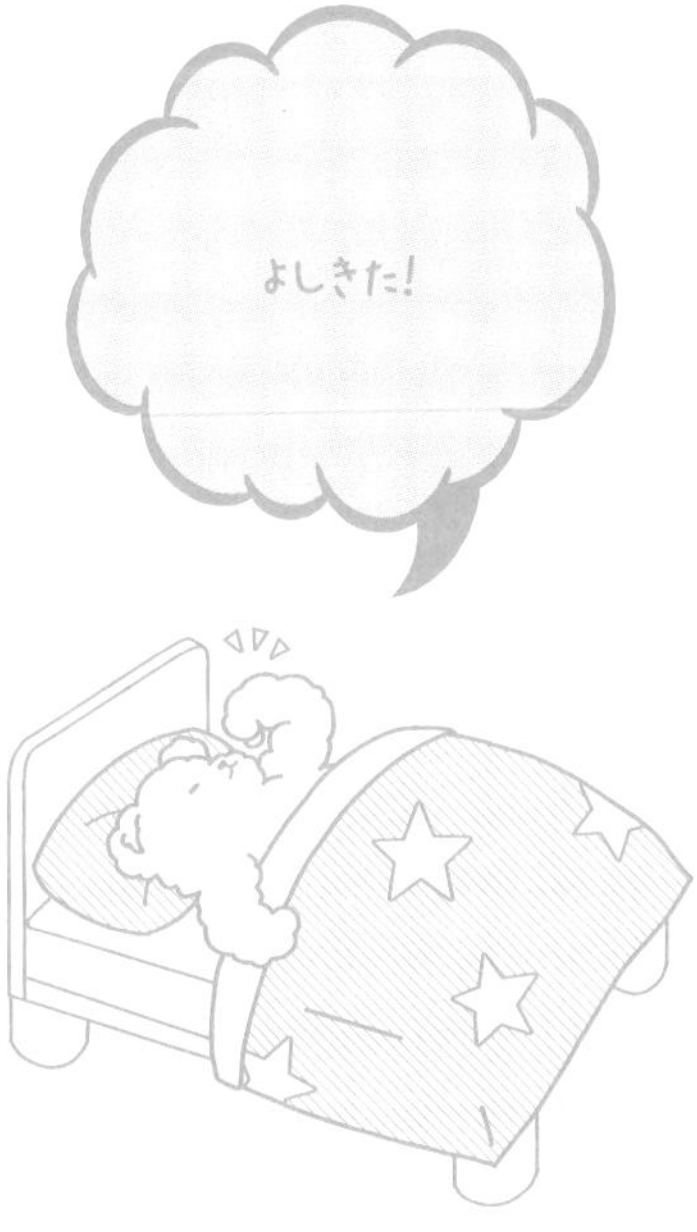

21.

欠点は、克服しなくて大丈夫。それが長所、才能である場合も。勝手に思い込むのはやめ、ひとつの個性と考えましょう

「夢を叶えるなら、この欠点を克服しなければならない」。そう考える人、意外と多いのではないでしょうか。実は、僕もそうでした。

役者を目指していたのに、ネガティブ思考で、人嫌いで、外に出ていくのも嫌い。その性格を欠点だと考え、なんとか克服しようと、10年近くも負のループにはまっていたのです。

その経験から言うと、欠点を克服する必要はまったくありません。自分では欠点だと思い込んでいても、他人から見たら長所であり、際立った才能であることもよくあります。

思い込みが強いとなかなか視点を変えられないものですが、欠点と考えるのではなく、「個性」と考えて、受け入れる。これができると、現実が大きく変わっていきます。僕自身も、「今のままでいい」と自分の欠点を受け入れた途端に、とても生きやすくなりました。

欠点に意識を向けると、「欠点がある自分はダメ」「自分はまだ動くべき状態ではない」という思考が出てくるので、せっかく低くなったハードルがまた高くなり、気持ちが重くなって負のループに逆戻りしてしまいます。

自分のエネルギーが「ゼロ・ポイント」に戻るまでは、自分を否定するようなことは考えない。できないことを無理にやろうとしない。これが鉄則です。エネルギーが「ゼロ・ポイント」に戻れば、今、何をすべきかが自然とわかるようになります。

欠点を克服しようと
頑張らないでください。
僕も、10年近く
悪戦苦闘したので、
よくわかります

22.

言葉はエネルギーです。ポジティブな言葉を使えば、エネルギーが変わり、運気がグンと上がります

言葉は「言霊《ことだま》」。昔から霊力が宿るとされていますが、自分の内側から出る音であり、エネルギーですから、運気を変える力を持っています。

エネルギーを上げてくれるのは、「最高！」「大丈夫」「いいね」「うまくいく」などのポジティブな言葉。

嫌なことを言われたときにネガティブな感情を跳ね返す意味で使う「だからどうした」「ただし、私は例外だけど」や、自分を元気づけるような笑える言葉も、ポジティブな言葉に入ります。

一方、エネルギーを下げてしまうのが、ネガティブな言葉。愚痴や悪口はエネルギーを下げると話しましたが、特に注意したいのが、「無理」「ヤバイ」「疲れた」など、「無意識」のうちに使っている言葉です。

無意識のうちに使っているということは、自分の意志に関係なく、自分の感情を潜在意識に伝えていることになるからです。

常に「今」の自分の感情が未来の現実を作るのですから、「無理、無理」と言いながら嫌な感情を感じていると、無理難題が多い現実がやってきます。ヤバくないのに「ヤバイ」ばかり使っていたら、ヤバイ現実がやってきます。

人が発する言葉や暗いニュースを聞いて気分が落ち込まないようにするだけでなく、自分が発する言葉や感情にも常に意識を向け、言葉遣いを変えていく。こういうところに気がつくと、運は大きく変わっていきます。

23. 無理してやっていること、心地よくないことをやめて、スペースを空けると、新しいものが入ってきます

「何かを捨てないと前に進めない」。アップルの創始者スティーブ・ジョブズもそう言いましたが、新しいことを始めるためには、何かを捨ててスペースを空けることも大切です。

僕も役者への情熱がなくなって、レストランで働くようになり、日々心地よく過ごせるようになってから、何かを発信したいとYouTubeを始めました。でも、レストランをすぐに辞めたわけではありません。YouTubeの仕事で食べていける目処《めど》がついてからも、もし、何かあったら戻るところがあったほうがいいと考えて、ダブルワークをしていました。そろそろスペースを空けないと、前へ進めないぞと感じたのは、ダブルワークを続けて1年が経った頃です。

スペースを空けて前に進む時期は、自然にわかります。それは、自分の心地よさが判断基準だからです。

時間の余裕や心の余裕がなくなったら、スペースを空けていきましょう。やりたくないのに、やむを得ず続けていることがあれば、一度それを手放し、ゆったりと過ごしてみてください。

スペースを空けると、なぜか必ず新しいものが入ってきます。スペースを意識的に作ることは、過去への決別という意味もあります。自分がこれまで固執していたこと、負のループを生んでいた考えなども捨てて、スペースを作ると、思いも寄らないギフトが舞い込んでくるかもしれません。

スペースを空けると
なぜか
新しい流れが
やってきます

24.

努力は大事だけれど、「努力しなければならない」という考えは捨ててください。「楽に生きる」がテーマです

夢を叶えるには、現実を変えるには、成功するには、「努力をしなければならない」。そう考えてきた人、多いのではないでしょうか。

努力は大切です。「ゼロ・ポイント」までエネルギーを戻していくときも、真剣に取り組む意志の力も含めて、努力がなければできません。

でも、人生どんなときも「努力しなければならない」と考えるのは、やめましょう。なぜなら、義務感でやるすべてのことは、感じている感情が心地よさではなく、重たい不快感だからです。

心地よさを見つけていくということは、自分の内側を楽にすることです。楽に、楽しくいるから、心地よい毎日がやってくるのです。

もしも、「楽に生きる」と聞いて、「怠惰だ」「不真面目だ」と抵抗感を感じたのなら、まだ、あなたの中に「もっと頑張らなければならない」という緊張感や思い込みがあるということです。

スポーツでも芸術でも、リラックスして、無の状態になっているときが、一番力を発揮できるといいます。緊張していたり雑念があると、うまくいかないことが多いものです。人生もそれと同じ。

これからは、「楽に生きる」がテーマです。「ゼロ・ポイント」までエネルギーが戻ってきたら、やりたいことが湧いてくるようになるはずです。

そのときのために、自分の中の重たいものを取っていきましょう！

「楽に生きる」
と聞いて、
どんなことを
連想しますか？

25.

望まないものに時間を使わない。望むものに意識を向ければ日々の心地よさとエネルギーが上がります

人が発する嫌な言葉や暗いニュースを聞いて、気分が落ち込まないようにすることは大切、と言いましたが、無意識のうちに、自分で嫌なことを考えているケースも、かなり多いと思います。

せっかくの休日なのに、自宅で嫌な仕事や、嫌な人のことをずっと考えていませんか。「ああ言えばよかった、こう言えばよかった」と、反省を繰り返していませんか。これをやっていたら、リラックスをするどころか、嫌なものを引き寄せてしまうことになります。

実は僕も長い間このことに気づかず、家に帰るなり、その日起きた嫌なことを列挙し、愚痴を言っていました。

一瞬、憂さ晴らしができたように感じますが、また愚痴を言ってしまったと自己嫌悪に陥り、エネルギーが消耗するだけ。自分が望んでいないことに時間を使うことほど無駄なことはありません。

心地よさとは、自分が望むものに意識を向けることで生まれていきます。自分が望まない時間を過ごしていると気づいたら、好きなものに意識を向け望む時間へと主体的にシフトしていく。そんな習慣が身についたら、エネルギーは上がっていくだけです。

望まないものではなく、望むものに意識を向ける。そのことだけは、いつも頭に入れておきましょう。

望まないものに
時間を使うのは、
無駄。
やめましょう！

26.

「叶えたい」と頑張っているのに、うまくいかないときは、方向が違うのかも。一旦休んでリスタートを!

〈レベル1〜3〉を実践して「本当に現実が変わった!」という声もたくさんいただきますが、「夢を叶えようと頑張っているのに、なかなかうまくいきません」という声も、いただきます。

「現実が変わった」という人たちは、自分の内側にフォーカスして心地よさを積み上げていった人たちです。

一方、「頑張っているのに叶わない」という人は、自分の外側にフォォーカスして「全然変わっていない」と言っている場合が多いのです。

自分の外側、つまり、「過去の自分が作った今」は、基本的にもう変えることができません。その「今」を変えようと頑張れば頑張るほど、「叶わない」が強化されてしまいます。そんなときは、一旦休みましょう。

「頑張るのをやめたら夢が叶わない」と思いがちですが、それは逆。今の自分には、不足していることがあるので「〜したら〜になる」という条件づけが、自分の現実を作っているのです。

僕も、役者として成功するために、自分の外側を変えようと頑張っていたときは、10年間、現実がまったく変わりませんでした。でも、役者への執着を手放し、頑張ることをやめて、心地よさを意識してレストランで働いているうちに、毎日が楽しくなり、自分の内側が充実して、エネルギーが戻り、新たにやりたいこと（YouTube）が出てきました。

自分の内側が変わってから、外側が変わっていきます。ここまで頑張ってきたなら、焦らず一旦休んで、リスタートしましょう。

27. 理想の自分になりきり、理想の場面を演じてみる。潜在意識に刻印すれば、それが現実になっていきます

負のループから抜け出して元気になってきたら、なりたい自分を思い描いてみましょう。理想の自分を想定し、日常で理想の場面を意識的に演じてみてください。128ページの「理想の自分を演じて現実化するワーク」にあるように、まず、なりたい自分を決めます。理想の表情や反応なども設定します。次に、理想とする信念、考え方を設定します。そして最後に、理想のワンシーンを設定します。どんなワンシーンにするかは、この先に自分が得たい感情をベースに考えるといいかもしれません。

例えば、彼と幸せになりたいなら、プロポーズされる日を設定して、その日の行動と感情をシミュレーションしてみる。仕事を終えて、デートに行くとしたらどんな高揚感があるか。どんな歩き方で、彼と会って最初にどんな言葉を交わし、プロポーズにどう返事をし、どんな幸せな感情になるのか想像します。大切なのは感情です。潜在意識は現実と想像の区別が

つかないため、想像を潜在意識に刻印し、現実にしようというのが、このワークの意図です。

僕はネガティブな性格だったので、明るいキャラクターになるために性格設定をして演技をしたり、解放感を得たいときには「レストランを辞める日」のシミュレーションをよくやっていました。仕事を終え、挨拶をし、タイムカードに打刻して、勝利の笑みを浮かべて帰っていく。そのときに目一杯解放感を感じながら、潜在意識にその感情を刻印していくわけです。

レストランを辞めてフリーで働くようになったのが、このワークのおかげとは言いませんが、効果はあります。

そして何より、演じることは感情を豊かにし、感情をコントロールするためにも有効です。

28. 現実が変わるまでのタイムラグをどう過ごすか。変化を待つ時間も、楽しめたら最高です

さて、〈レベル1〜3〉を実践してすぐに現実が変わるかというと、そう早くは変わりません。

今の現実は過去の自分が作ったものですから、今、自分が創造していることが形になるのは、少し先の未来。常にタイムラグがあるわけです。しかも、人によって信じ方も違うし、信念ができあがるスピードも違う。また日々どれくらい感情に意識的でいられるかによっても、変化のスピードは変わってきます。

最初は自分の内側から変わり始め、外側に変化が出てくるまでに、早い人なら3か月。ゆっくりやっていたら半年。願望にもよりますが、人生が変わるような大きいものなら1年以上はかかると思います。

大切なのは、変化が実感できるまでのタイムラグをどう過ごすかということです。

最初は内側からの変化なので、なかなか実感が湧いてこない。そこで、「まだなのか」と落胆して挫折してしまう人もいます。実は、僕がそうでした。「こんなことやっても意味ないだろう」と途中で挫折し、外側を変えてみる。うまくいかず、今度は内側を中途半端にいじってみる。それを10年近く繰り返し、相当ボロボロになってから、自分の内側に全ベクトルを向けて心地よさを発見し、変わることができたんです。

変化を体験するまでは、知識はただの知識でしかありません。ですから、途中で挫折しても、休んでも構いません。でも、いつでも心地よさに戻ってくれれば、変わることは可能です。

覚えておいて欲しいのは、「今は、過去の自分が創造したもの。今、感じていることが、自分の未来を作る」ということ。大切なのは常に今。タイムラグを楽しめれば、最高です！

COLUMN

03
理想の自分を演じて現実化するワーク

❶ どんな自分になりたいか決める。
（どんな性格で、どんな仕事をしているのか具体的に）

❷ どういう信念、考え方をベースにしているか決める。
（好きな言葉、好きな本などを設定すると考えやすい）

❸ 自分が好きな場面を設定し
（朝起きるとき、食事、仕事、デート中
などなんでも）、何を感じ、どう行動し、
どんな話し方をするか、演じてみる。

潜在意識は、現実と
想像の区別がつきません。
想像が現実化することも！

第3章

現実が変わる12の変化の兆し

ラッキーなことが起きる

日常が楽しくなる

エネルギーを
「ゼロ・ポイント」まで戻すには、
少し時間がかかります。
今の自分が少し未来の自分を作るので、
「現実が変わった！」と
実感できるのは、少し先になります。
それを理解せずに焦って行動をすると、
負のループに逆戻りしてしまいます。

新しい興味が生まれる

感情の浮き沈みが
起こる

元気になる

波長の合う人と
出会う

そこで知っておいて欲しいのが、
変化のサインです。
エネルギーを戻していく過程では、
思いも寄らない変化が起こります。
それを上手に受け入れていくと
毎日が楽しくなってくると思います。
まず初めに起こるのは、
驚くような内面の変化です。

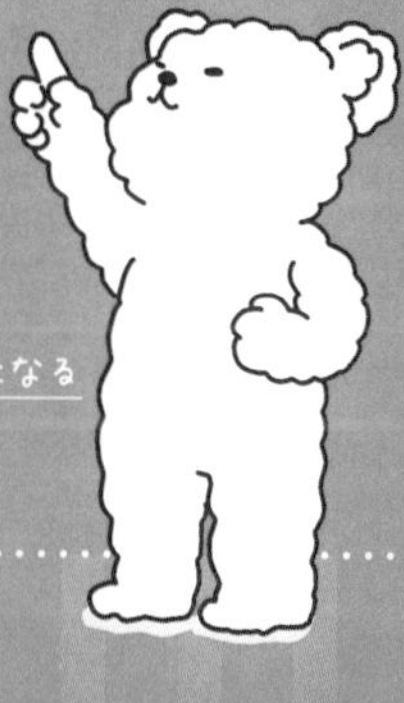
前向きになる

01.

心地よさを上げいく段階で 新しい興味や趣味が出てきたら、 自分が望むものに 意識が向き始めたサインです

毎日ため息をつきながら、「うまくいかない、つまらない」と感じていたら、その感情が潜在意識に刻印され、「うまくいかない、つまらない現実」しかやってきません。

でも、ため息をつくのをやめ、悩んでいることや執着に気づき、自分の心地よさを追求して毎日を過ごすようにしてみると、内側が少しずつ変化してきます。

そのサインのひとつが、興味・関心、嗜好の変化。突然、新しいことに興味が湧いたり、趣味が変わったり、今まで好きだったものが急に嫌いになるということが起こってきます。

僕の場合は、10年以上情熱を注いできた「役者になりたい」という夢があったのですが、内側を心地よくしていった結果、まるで憑き物が落ちた

ように「映画にも役者にも興味がなくなる」という不思議な現象が起きました。以前は、一晩中でも映画を観ていられたのに、飽きてしまって冒頭の5分も観ていられない。映画関係の知り合いから連絡があっても、話す言葉さえ見つからない。

最初はその変化に驚きましたが、「内側から自分が変わっていく」とは、そういうこと。まさに新しい自分になっていく感じです。

映画や役者への興味が消えた代わりに、突然、興味が湧いてきたのが、昔すごく好きだった「ドラゴンボール」です。

「ドラゴンボール」のマンガを読み、フィギュアを手にしているだけで、無条件で気分がいい、楽しい。

この心地よさは、負のループに囚われていたときには、まったく味わえなかった素敵なものでした。

「ゼロ・ポイント」のエネルギーとは、自分が本来持っている、子どもの頃のような元気なエネルギーのことです。僕のように、子どもの頃の一番ワクワクしていた感覚を取り戻したという人もいれば、社会に出て断念した趣味を復活したという人もいます。

興味や趣味が急に変わり、それが「なんだか心地いいぞ」と感じるものならば、「エネルギーが戻ってきた証拠」です。

新しい興味・関心は、これからあなたが心地よく生きていくための方向性を示してくれているヒントとも言えます。

どんな変化が起こるかは、人それぞれ違います。僕がこれまでにアドバイスをしてきた方々からも、

「音楽や本の趣味が急に変わった」

「洋服の好みが変わった」

「突然、ウォーキングをやりたくなり、始めました」

「ラーメン好きだったのに、甘いもの好きになった」

「田舎暮らしがしたくなって、移住をしました」

など、自分自身の急な変化に驚いたという多くの声をいただきました。

自分にとっては予想外の変化でも、それを否定しないでください。理由はわかりますよね。嫌な感情を持つと、やがて、嫌な感情に満ちた現実がやってくるからです。

心地よいことに
意識を向けると、
内側がどんどん
変わっていくよ!

02. 現実は変わっていないのに、退屈な日常や憂鬱な人間関係が気にならなくなったら、内側のステージが変わった証拠です

いつもと変わらない退屈な日常が、なんだか楽しくなってくる。そんな変化も、エネルギーが戻ってきたときのサインです。

でもまだ、ワクワクするほど楽しいわけではありません。自分の内側が充実してきたので、退屈な仕事でも、ムカつく上司や先輩がいても、気にならなくなってきたというのが近い感覚だと思います。

僕も、役者への夢をスッパリ諦めたときに、日常のちょっとしたことが楽しくなる、という変化を経験しました。

役者を目指していた頃の僕は、レストランで仕事をしながら映画を観て、セリフの練習をして、芝居のワークショップに参加してと、忙しい毎日を送っていました。でも、充実していたかというと、答えはNOです。

映画を観ているときも、「こんな芝居じゃダメだ」と批判ばかりしているから楽しめない。芝居のワークショップに参加しても、自分にダメ出し

ばかりしているので、劣等感しか感じない。寝る直前まで「今日もうまくいかなかった」と悶々としているので、翌朝の目覚めも最悪でした。

「役者として成功しなければならない」と自分で勝手に高くしたハードルを取り払ったら、「この夢を達成しないと幸せになれない」という呪縛からも解放されて、本当にホッとしました。毎日、安心して生きていけるだけで嬉しかったです。

呪縛が解けたら、以前は「レストランの仕事なんて副業。俺の仕事ではない」と思っていたのに、「今日はお客さんがたくさん来てくれたな。あぁ、よかった」と楽しくなってきました。不思議です。

それまでの僕は、日常をまったく楽しめない人間でした。でも、日常を楽しめなかったら幸せはやってこない。これは、大きな気づきでしたね。

03.

内面が充実してくると あなたの雰囲気が変わります。人に好かれるようになったら、現実がいい感じで変化するサイン

人生が大きく変わる前の変化は、内側から少しずつ始まります。とはいえ、日常や外見がガラリと変わるわけではないので、自分では変化に気づかず、周りから指摘されて気づく、という人が意外と多いのです。

周りから「最近、変わったね。明るくなったね」と声をかけられるようになったら、以前とは、かなり変わってきたというサイン。内側での働きかけが、実を結び始めている証拠です。

負のループの只中にいるときは他人に対して心を開いていないので、表情も暗い人が多い。

僕も、「仕事が終わったら帰って芝居の勉強をしたい。飲み会なんて時間の無駄」と考えていたときは、「いつも難しい顔をしている、つまらないヤツ」と周囲の人に認識されていたと思います。

ところが役者をやめて自分に余裕が持てるようになってからは、レストランのスタッフとも普通に会話ができるようになった。すると、「最近明るくなったよね、面白いね」と言われるようになり、好かれるようになり、仕事を任され、評価が上がり、給料が上がるという変化が起きました。

自分が心を開けば、周りの人も心を開いてくれる。基本的に、人間関係がうまくいっている人は、オープンです。プラス思考の人にはプラス思考の人が集まり、マイナス思考の人はマイナス思考の人を呼び寄せます。

そうしたごくごく当たり前のことが実感としてわかってきたのも、僕自身が人間関係の変化を実際に体験したからです。

心地よさを追求していくことは、心地よい人間関係を築いていくことにもつながります。人間関係は、よりよい人生を築くベース。大切です。

04.

人が離れる、あるいは人が現れる。人間関係が変化してきたら、内側だけでなく外側の変化も始まってきたサインです

「人間関係は大切」と言いましたが、実は、自分の内側のエネルギーが変わっていくと、外側の人間関係も変わるということが起こってきます。

エネルギーがマイナス状態のときはマイナスの情報や人しか見えませんが、自分のエネルギーが戻ってくると、そのプラスエネルギーに合う情報や人が集まってくるというのが、「波動一致の法則」だからです。

例えば、変化したあなたのエネルギー状態に合わない人が会社にいるとしたら、その人が急に会社を辞める、異動をする。もしくは、あなたが異動をしたり、リモートワークになるといった変化が起こってきます。

プライベートでは、今まで以上に関係が深まる人と、疎遠になる人が出てくるはずです。恋人関係にある人と離れる、片思いしていた人に興味がなくなるということも、起こってくるかもしれません。

そんなとき、「長年付き合ってきた人とは一緒にいるべき」と理由をつ

けて無理に関係を続けたり、別れたいと思っているのに、相手に引きずられて関係を続けてしまうと、負のスパイラルに逆戻りしてしまいます。

離れていく人もいるけれど、自分が望む人が現れ、大切な人は残ります。

エネルギーが変化したときこそ、心地よく付き合える人間関係を大切に。

それによって人生を大きく変えていくことができます。

05.

ゾロ目をよく見るのは「今が大切な時」「人生の転機」というラッキーサイン。チャンスを逃さないで!

ゾロ目とは、「999」や「1111」のように数字が揃った状態のこと。生活のなかでゾロ目を見る確率はそう高くないはずですが、時計を見るといつも「11時11分」とか、レシートに表示された金額や交通系ICカードの残高がいつも「777円」「7777円」ということが続くと、さすがに「怖い!」と感じるかもしれません。

でもこれは、その人のエネルギー(波動)が変化したことによって、現実が変わるサイン。よく、ラジオのチューニングにたとえられますが、チャンネルを変えるときは周波数が変わるため、ザザーッと雑音が入る。あの雑音がゾロ目を見るという異常現象と似ているかもしれません。

僕自身、役者を目指しながらもうまくいかずに悩んでいたときに、ゾロ目を見た記憶はありません。余裕がないときは自分のことで一杯いっぱいですから、ゾロ目ナンバーの車が隣を走っていても、気づかないいんです。

ところが自分自身のエネルギーが戻ってきてからは、驚くほどゾロ目を見るようになりました。

しかも、やりたいことがわかっていながら、なかなか動けなかったり、大きな決断をしようとしているときに限って、自分の気持ちを後押しするかのように何度も同じ数のゾロ目が飛び込んできたのです。

数字は情報。つまり、ゾロ目を集中的に見るということは、「今が大切な時だよ」「人生の転機だよ」というメッセージが形を変えて届けられているのです。

こう話すと、数字の意味をあれこれ考えてしまう人がいます。でも、数字の意味を深掘りすることに時間を費やすより、「今やり残していることはないか、今決断すべきことは?」と自分の内面を見つめ直し、整えていくことをおすすめします。

06.

生き方を変えた反動で感情の浮き沈みが激しくなる。そんなときも心地よいことに沿って行動を

自分の内側が変わると、興味の対象も変わっていくのは当然のこと。僕も、あれだけ情熱をかけてきた映画への興味が急になくなったときは「これで自分も終わりだな」と落ち込みました。

この変化が、「人生を変える兆し」だとわかっていれば、落ち着いて対処できたのかもしれませんが、新しい興味が見つけられない日が長く続くと、不安になって感情の浮き沈みも激しくなることがあります。

僕と同じように、

「今までやってきたことに興味がなくなってしまった」

「情熱がなくなってしまった。間違った方向に進んでいませんか？」

という相談も、本当にたくさんいただきました。

そんなときは、「不安でも、自分の興味や心地よさに沿って行動を続けてください。必ず現実が変わっていきます。不安や焦りを埋めるために、

『何かをしなければならない』と考えるのはやめてください」とアドバイスをしてきました。

「〜しなければならない」と考えるのは、不足を埋めるマイナスの発想。これをやってしまうと、負のスパイラルに逆戻りしてしまうからです。

感情の浮き沈みが激しくなり、不安な気持ちになるのは、生き方を変えた反動です。すでに新しい人生への変化は起こっているのですから、ゆったりした気持ちで次の変化を待ちましょう。

過去と未来の間で
揺れ動く感じ。
でも心配しないで。
これも、
人生が変わる兆し

07. 日常でデジャブを体験するのは、エネルギーが戻ってきた証拠。2、3か月後にミラクルが起こるかもしれません

デジャブ（既視感）とは、一般的には、実際には体験したことがないのに、かつてどこかで同じ体験をしたような感覚に包まれる現象のことを指します。ただし様々な学説があり、心理学者のフロイトは、デジャブは無意識下で既に見た夢のことだと言っています。

どの説が正しいのかはわかりませんが、僕自身は、エネルギーが戻ってきたと感じ始めた頃から、急にデジャブを見るようになりました。

レストランで誰かが話している光景を見て、「この光景はどこかで見たことがある」と感じたり、誰かの言葉を耳にして、「これは以前に聞いたことがある」と感じる。そして、以前にその声を聞いたときも、確かに自分はその場にいたという生々しい実感があるのです。

以前どこかで感じたことが、現実になる。こうしたデジャブ体験を繰り返していくと、「感じていることが現実になる、潜在意識が現実を作る」

ということが体で理解できるようになります。同時に、感情を大切にしていけば、人生は必ず変えられるという確信にもつながっていきます。

デジャブを見るようになってから2、3か月が過ぎた頃、僕はYouTubeで発信をすることを始め、人生が大きく変わり始めました。

デジャブ体験をするようになったら、潜在意識との関係が密接になってきた証拠かもしれません。ミラクルが待ち遠しいですね。

08.

エネルギーが戻ってくると、欲しい情報や臨時収入が入ってくる。情報とお金が回り始めたら、人生も良い方向に回り始めます

書店に行くと、欲しいと思っていた本が目に飛び込んでくる。雑誌を読んでいると、知りたい情報がパッと目につく。友人・知人と話しているうちに知りたかった情報が転がり込んでくる……。そんなことが日常になってきたら、かなりエネルギーが戻ってきたサインです。

エネルギーが「ゼロ・ポイント」近くまで戻ってくると、情報があなたを追いかけてくる、ということも起こってくるかもしれません。

僕も、役者をやめて「何か発信することをやりたい」と思い始めたときに、仕事場でも、知り合いと食事をしていても、ネットを見ていても、あらゆるところから、これでもかというようにＹｏｕＴｕｂｅの情報が入ってきて、まるで情報に追いかけられているようでした。

何をしてもうまくいかないときは、自分で「ダメだ」とエネルギーを下げているので、自分にとって有益な情報に気づきませんが、心地よいこと

を感じてエネルギーが上がってくると、自分が望む情報が飛び込んでくるようになり、「これだ！」とわかるようになります。

つまり、欲しい情報、本当に必要な情報が、時間をかけずに入手できる、ラッキーなことが起こってくる、ということです。

情報だけでなく、不思議とお金も入ってくるようになります。お金は、エネルギーそのもの。世界のスポーツ選手や起業家たちを見ると、エネルギー量と収入・資産はまさしく比例しているように感じます。

そこまでビッグな話でなくても、お金は元気なところに集まってくるので、エネルギーが上がるとボーナスが上がったり、少額でも宝くじが当たる、クーポンが当たるなど、臨時収入が入ってくることもあります。

僕のように、ＹｏｕＴｕｂｅを始めたことで収入が入るケースもその一例。情報とお金が回り始めたら、人生が良い方向に回り始めるサインです。

09.

マイナス思考から、ポジティブ思考に変化したら、これから人生が好転する大きなサインです

あなたは今まで、「ポジティブ思考でなければならない」「前向きにならなければならない」と、自分に課していませんでしたか？

「ゼロ・ポイント」近くまでエネルギーが戻ってくるとそんな発想はまったくなくなり、過去の自分が同じ人間だとは信じられないほど思考が肯定的に変化してくるはずです。

日常に楽しみを見つけられず、物事を否定的に考えてばかりいた僕は、自分の変化にかなり驚きました。

ここまで前向きになれるのか！　と、自分でも笑ってしまうくらいに……。

それまでは真っ先に物事の悪い点に目が向いていたのに、物事の良い点・悪い点の両方を見ることができるようになり、視野が広がってきます。

思考が前向きになり視野が広がれば、顔つきが明るくなり、雰囲気も軽

やかになり、あなたの印象そのものも変化してきます。その変化こそ、人生が好転していくサイン。人生の大変化は、すぐそこまできています。

ネガティブからポジティブへ!

～しなければならない
↓
～しよう、したい

人は信じられない
↓
信じてみよう、信じられる

できるだろうか?
↓
きっとできる、やってみたい

楽しいかな?
↓
きっと楽しい!

10.

エネルギーが元に戻るとパワフルになり、「面白そうだから～したい」ということが出てきます

現実を作っているのは、感情であり潜在意識です。エネルギーが元に戻り元気になれば、自分のパワフルさを感じるような現実がやってきます。

そのサインが、「～したい」という感覚です。

「そろそろ動かないといけないかな」とか「～したほうがいいのかな」と頭で考えて迷っているときは、その不安がやがて現実となってしまうので、動くのはNG。まだエネルギーが足りない状態です。

何の迷いもなく、「楽しそうだから、面白そうだから～したい」と言える状態なら、小さなことからでいいので、始めてみるのがおすすめです。

ただし、「やるなら失敗してはいけない」「結果を出さなければいけない」と、自分にプレッシャーをかけるのはNGです。

僕も、レストランで働きながら少し気持ちに余裕ができてきた頃から、「何か発信してみたい」と思うようになりました。そして、「負のループか

ら抜け出してきたこれまでの経緯を発信したら面白いかもしれない」と、最初に始めたのがブログです。

実を言うと、このブログを始める1年ほど前に、僕はＹｏｕＴｕｂｅのチャンネルを作っていました。

役者仲間たちの集まりで、「ＹｏｕＴｕｂｅで芝居をやったら面白いかも」と話題になったことがきっかけでした。でも当時は、「恥ずかしいし、失敗するかもしれない」という思いがあり、動けなかった。つまり、新しいことを始めるには、まだエネルギーが足りなかったのです。

何をやるにしても、自分のエネルギーを「ゼロ・ポイント」に戻すことが先決だと気がついた僕は、その後1年間は、この本の第2章で紹介した心地よさにフォーカスしていく方法を日々、試行錯誤しながら実践しつつ、レストランで働いていました。

もしも、レストランで日々の業務のなかで楽しみを見出すというステージを経験しなければ、僕はいまだに負のループの中でグルグル迷走していたと思います。つまり、やるべきことを、段階を経て、きちんとやっていくことが、大切だということなんです。

さて、最初に始めたブログのことに話を戻しましょう。

最初のブログは、3か月程でやめました。その後もサイトを作り、タロットカードの解説を行うブログにも挑戦しましたが、なかなか結果が出ませんでした。「こうやればうまくいく」という考えが先行し、心地よさを忘れていたからです。

そこで、気持ちをリセット。「月に5万円稼げればいい副収入になるし、レストランの仕事があるから成功しなくてもいいじゃないか。楽しもう!」とYouTubeで発信を始めてみると、不思議なことに、今度はすぐに結果が出ました。最初に開設したチャンネルが3か月で登録者数が1000人を超え、広告が入り、仕事として成立するようになったのです。

心地よい生活をするようになったら、やりたいことが見つかり、楽しんで仕事ができ、収入も得られた。でもこれは、僕が特別だったから叶ったわけではありません。

エネルギーが「ゼロ・ポイント」まで戻れば、誰でも、自分にふさわしい仕事や居場所を見つけることができるはずです。

11.

環境への違和感を感じたら、**ステージが変わったサインです。**新しいステージを求めて**動いてOK!**

YouTubeの仕事が軌道に乗り、収入がかなり増えてきても、僕はレストランでの仕事は続けていました。

自分の心地よさを追求していくうちに、仕事が楽しくなり、前向きになり、給料も上がって、もう少しで店長の仕事を任されるところまで昇級したので、このままでもいいかなと思っていたんです。

でも、「心地いいからレストランの仕事を頑張ろう」は、やがて「楽しいけれど、何か違うんだよな」になり、「新しいことをやってみよう」へと、変わっていきました。

判断基準は、やはり、自分の心地よさ。「仕事や会社、人間関係が嫌だから」と、自分の外側に不満を抱えながら辞めるのではなく、自分が心地よくいることを大切にしていると、自然と答えが見えてきます。

「そろそろ、他の環境で自分を試してみたい」というワクワクするような思いが湧いてきたら、あなたのステージが変わった証拠。「今が動くべき時！」というサインだと考えてください。

ところが人間の脳は、変化を好みません。潜在意識は、あなたを守るためには余計なことをしないことが最も安全だと思っているのです。

そこで、動いたほうがいいとわかっていても、迷ってしまう。「会社の仲間と離れたくない」「私がいなくなると困るみたい」など、もっともらしい理由をつけて結論を先延ばしにしてしまうことがあります。

そんなときは、もう一度自分の心の声を聞き、どんな決断を下せば一番心地よいのかを確かめてください。自分に嘘をついていると、それが潜在意識に刻印されて、また、迷いや悩みの現実に逆戻りしてしまうかもしれませんので、ご注意を。

12. 内面が大きく変化したことで、自信が生まれる。毎日が心地よくなったら、「ゼロ・ポイント」に戻ったサインです

自分のエネルギーが「ゼロ・ポイント」まで戻ってくると、ワクワクした毎日がやってきそうですが、僕の場合は心穏やかな毎日がやってきました。以前のように「成功したい」という不足感はなくなり、肩の力が抜け、理由はわからないけれど「毎日が楽しく、満足感がある」。そうした自然体でリラックスした状態が、「ゼロ・ポイント」の感覚です。

「負のループから抜け出し、苦悩から解放された」「やりたいことが見つかった」「現実が180度変わった」など、YouTubeの視聴者からは多くの感想をいただきますが、その中でも一番多いのは、やはり「毎日が心地よくなった」という声です。

心地よさに目を向け、エネルギーを「ゼロ・ポイント」まで戻していけば、必ず心地よい人生がやってきます。時には落ち込むことがあっても、「ゼロ・ポイント」までエネルギーを戻せば、大丈夫。

自分の心に素直であれば、人生はうまくいくようにできています！

人生は、
うまくいくように
できています
心地よさが
一番大切だよ

COLUMN

04 自分の思い込みを発見する簡単ワーク

❶ もしも、人生が残り90日だとしたら、何をしたいですか？
やってみたいことを10個書いてください。

❷ もしも、人生が残り90日だとしたら、
誰と一緒に過ごしたいですか？

❸ 10個の夢を実現するために、
障害になっているものは
何ですか？

第4章

もっと夢を叶える
10のヒント

自分のエネルギーが、
「ゼロ・ポイント」に戻ると、
引き寄せるものが変わり、
望むものが手に入りやすくなります。
そのエネルギーをキープしながら、
日々をできるだけ心地よく、
焦らず進んでいきましょう。
第4章では、夢を叶える「夢ノート」と

現実を変える朝と夜のルーティン、
お金を増やす秘訣を紹介します。
どれも、僕自身が行って効果があった
方法ですし、僕のYouTubeでも
人気のコンテンツです。
続けることで現実は変わります。
どれも簡単にできるものばかりなので、
トライしてもらえたら嬉しいです。

01.

残された時間を設定すると、夢は自ずと出てきます。今、最もリアルな感情が、現実になります

何をやってもうまくいかず、毎日を乗り切るだけで精一杯で、とても夢なんて持てないと思っているかもしれません。

でも、そんなときこそ、夢を持つことが現実を変えていくパワーになります。今ここにある現実と戦っても何も変えられませんが、自分が意識を向け、感じていることは、必ず、未来の現実になるからです。

僕も、長い間情熱をかけてきた役者への夢を諦めた後は、次の夢が見つからない状態が続いていました。もうこのままではダメだと思っていたとき、意識を180度変えてくれたのが、この言葉です。

「もし、90日後に人生が終わるとしたら、何をしたいか？」

今、感じていることが現実になるということは、今、自分のなかで「最もリアル」だと感じていることが、現実になるということです。

僕は、この質問を自分に問いかけた時、夢をただの「夢」として先延ばしにし、まだ手にしていないと確信していることに気づいてしまいました。

今、夢を生きていないのに、未来に夢を生きられるはずがありません。

もしもあなたが、「今は目の前のことで精一杯。夢なんて持てない」と思い込んでいるなら、是非、160ページの「自分の思い込みを発見する簡単ワーク」をやってみてください。

自分に残された時間がわずかだと仮定すると、夢は自ずと出てきます。

自分の思い込みに気づけば、心の底から夢を叶えてみたいという感情も湧いてきます。その感情が、現実を変えていくパワーになります。

夢を持つことが
現実を変えていく
パワーになります。
夢を諦めないで!

02.

現実を無視することで本当の夢を引き出し叶えてくれる「夢ノート」の作り方

「願望は、紙に書くと叶う」とよく言われます。書くことで意図が明確になり、手を動かすことでイメージが想起されてリアルになり、潜在意識に願望が刻印されやすいためです。

僕自身は、以前は「夢ノート」をやっていなかったのですが、あるとき、どうしても叶えたい夢があって、3か月間毎日、ノートに夢を書いたことがありました。それから1年後、忘れていたノートを見てみると、結構、夢が叶っていたのです。以来、「夢ノート」は僕の日課になっています。

必要なのは、ノートとペンだけ。10分程度の時間があれば、誰でも、いつでも始められるので、ぜひトライしてみてください。ここからは、僕が書いている「夢ノート」のポイントをお伝えします。

① 夢は、「未来から、現在に向けて」書く

ノートに夢を書くときは、現実を無視するのが大前提です。そして書くときは、「未来から、現在に向けて」書く。ここが大切です。

「夢ノート」の書き方

最高の未来
↓
幸せに満ち溢れている
↓
世界を**旅**している
↓
仕事で**大成功**している
↓
なぜか**良いこと**が起こりまくる
↓
会社を**円満退社**
↓
ストレスが急になくなる
↓
毎日が**楽しく**なってくる
↓
現在

最高の未来ありきで、
現実は無視して
夢を書きます

最初に、「最終的な夢、自分が到達したい理想の感情」を書きます。左の僕のノートを例に取ると「幸せに満ち溢れている」。次に、一歩手前の夢「世界を旅している」。次に、その一歩手前の「仕事で大成功している」というように、未来から現在に向かって5~10個程度夢を書いていきます。

② 夢は、なるべく内容を限定しない言葉で書く

「夢ノート」を未来から現在に向けて書くのは、現実を無視することで、「資格試験合格→就職→結婚」といったプロセスを排除し、普段は意識していない自分の本当の夢や望みを引き出していくためです。

プロセスを意識して具体的な夢を書いてしまうと、せっかく潜在意識が用意しているチャンスを活かせなくなってしまいます。

そこで、夢は、なるべく内容を限定しない言葉で書くのが原則です。最高の未来の夢に書くのは、「幸せに満ち溢れている」など、自分がこの人生で一番得たい「感情」です。そこに至る夢も、場所、人、仕事内容などは限定せずに、どういう感情を感じているかをメインに書いていきます。

どんな仕事で成功するか、どんなハッピーが起こるかは、潜在意識にお任せするというのが、基本のスタンスです。

③ それぞれの夢ごとに、夢が叶ったときの感情を感じる

夢を書き終わったら必ずやってほしいのが、最高の未来の夢から順番に、「夢が叶ったときの感情」をしっかり感じていくことです。ここが一番大切です。一つの夢につき、10~30秒でいいと思います。

それが終わったら、ノートを閉じて終了です。トータルで10分程度。夢が叶ったという満足感をたっぷり味わっているので、エネルギーが上がり、元気よく一日過ごせます。

「夢ノート」は、毎日夢を書いて行うのが基本です。昨日と同じ夢を書いても、昨日と違う夢を書いても構いません。現実を無視して夢を書いているので、最初のうちは、本当の自分の望みが次々に出てきて書き直すことが多くなると思います。

自分では意外だと感じる夢でも、ノートに書くと、叶ったときの感情が溢れ出てくることもあります。逆に、感情が出てこないケースもあります。感情が出てこないときは、本当の願望ではないのかもしれません。次々出てくる夢を書きながら、自分の感覚で確かめていってください。

「夢ノート」は最低1か月、できれば3か月は続けてください。スポーツと同じで、毎日トレーニングをして無意識のうちに行えるようになることが、潜在意識に願望を刻印していくということだからです。

続けていくと、夢を叶えたときの感情がどんどん強く感じられるようになり、やがて「夢ノート」を見なくても、夢を思い浮かべただけで、幸せな感情が湧いてくるようになります。そうなったら潜在意識に夢が届いたサインですから、もう「夢ノート」は書かなくていいかもしれません。夢と感情がしっかり連動すれば、願望が現実化しやすくなります。

では、「夢ノート」をいつ書くのが最も効果的か……。

朝起きてすぐや、眠りにつく前の「ウトウトしているとき」は、顕在意識と潜在意識が混在した状態になると言われています。いわば、潜在意識が表に出てくるときなので、この2つの時間を使って潜在意識に刻印をしていくのが最も有効な方法です。

朝でも夜でも構いませんが、僕のおすすめは、朝。「夢ノート」を書いた後は、一日が本当に気分よく過ごせるからです。

03.
朝の30分間で一日の気分を上げて、人生も変えてしまうモーニングルーティン

モーニングルーティンは、一日を心地よく過ごすための準備運動です。「朝起きてすぐ」は、潜在意識が優勢になるとされるゴールデンタイム。つまり、潜在意識に願望を刻印し、現実を変え、夢を叶えていくためには朝の過ごし方がとても大事だということです。

現実が厳しくて気合いを入れないと乗り切れない人は、モーニングルーティンを習慣化すると自分軸ができて、嫌なことに感情が巻き込まれなくなると思います。いつもより30分早く起きて、ぜひ次の5つを試してみてください。

① ゆとりを持って起きる

以前の僕は、出勤ギリギリまで寝ていて、「8時半、ヤベッ！」と食事もせずに飛び出すのが常でした。これでは、朝からエネルギーが下がるだけ。朝は、ウトウトしながらゆったりと起き、できるだけ感情を乱さないことがポイントです。

② イメージに感情を乗せ、ガッツポーズをする

起きた瞬間に目にするものは、その日のトーンを決めると言っても過言ではありません。枕元に「豊かだな」「今日も最高」などと書いたメモを置いておき、ウトウトしているときに目に留まるようにすると、その情報が自然と潜在意識にインプットされていきます。

枕元メモはすぐにできますし、かなり有効なので、自分が感じたい言葉を書いて気分の変化を味わってみてください。

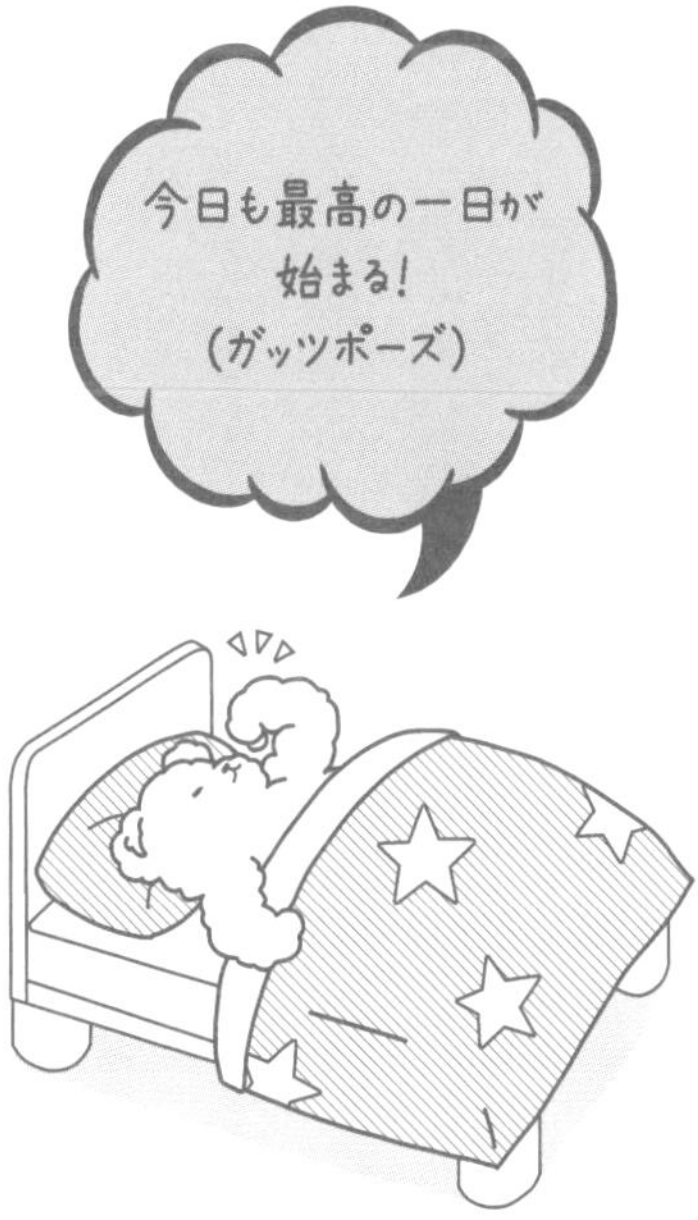

そして、ベッドから出る前に、仰向けのまま両手を天井に向けて上げ、自分の欲しいイメージを感じながら、「よし!」「よしきた!」「今日も最高の一日が始まる」などと心の中でつぶやき、ガッツポーズをします。

僕の場合は「よしきた!」ですが、これだけで気分が自然と上がります。

プラスのイメージを作りながら、エネルギーをさらに上げていきます。

③ 好きな飲み物を味わって、リラックスする

僕はコーヒーが大好きなので、毎朝のコーヒータイムは至福のひとときです。時間を気にしながら慌ただしく飲むのではなく、スマホを見ながらや、支度をしながら飲むのでもなく、しっかり味わいながらリラックスする時間を持つことが大切です。

それが日課になると、自然と自分の体調の微妙な変化を感じ取れるようになります。「今日はいい調子だ」「今日は無理をしないようにしよう」と、リラックスしながら自分のエネルギーに意識を向けていくことで、エネルギーがさらに拡大していきます。

④「夢ノート」で潜在意識に向けて発信する

リラックスしてエネルギーを上げた後で、「夢ノート」を開いて夢を書き、発信する。この流れが大切です。

エネルギーが上がっていれば、夢を書いているときの感情も、その夢が叶ったときの感情も、より豊かにイメージできるようになるからです。

ただし、夢が叶ったときの感情を味わうのに夢中になっていると、仕事に遅れる危険性があるのでご注意を。僕も一度、危うく遅刻しそうになったことがありました。やってみると、それだけ楽しいのが「夢ノート」だということです（「夢ノート」の書き方は166ページ参照）。

⑤ 音楽を聴いて、全身を心地よさで満たす

好きな音楽を聴いているときは、感情が豊かになり、エネルギーも高まります。なぜかというと、心地よい音楽を聴いているときも、顕在意識と潜在意識が混在し、脳がリラックスした状態になるからです。

朝は、「こういう自分になりたい」と思い描いているビジョンに合う曲を1曲選び、繰り返し聴くのがおすすめです。

ちなみに、僕が聴いているのは、ヨハン・パッヘルベルの『カノン』。穏やかでリッチな気持ちになりたくて、選んだ記憶があります。クラシックのように歌詞がないほうが、イメージを広げやすいかもしれません。

ここまでのモーニングルーティンを行って、約30分。いつもより30分早く起きるだけで、エネルギーが高まり、気分よく過ごせます。

そして、「未来につながることを始めたい！」というときも、朝に始め

るのがいいと思います。僕がYouTubeを始めたときは、さらに30分早く起きて動画を撮っていました。それができたのも、モーニングルーティンを続けて朝の時間を使いこなせるようになっていたからです。

朝の30分を変えただけで、その日を最高に気分よく過ごせるって、結構すごいです。一日やっただけで心地よさを実感できると思いますが、1年続ければ、大きく人生が変わっていくと思います。

04. ネガティブな一日をポジティブな一日に書き換えるナイトルーティン

朝だけでなく、「眠りにつく前」も顕在意識と潜在意識が混在し、潜在意識に思考や感情を刻印しやすいゴールデンタイムです。しかも、睡眠中は潜在意識が活発に働くため、眠る前にポジティブな情報を潜在意識に刻印できれば、スムーズに現実を変えていくことが可能になります。

ただし、日中に起こったネガティブな情報が刻印されてしまうと、翌朝の目覚めも悪く、厳しい現実がやってくることになってしまいます。

日中に下がってしまったエネルギーを回復させていくのがナイトルーティンの目的です。仕事が終わったら、眠りにつく前のゴールデンタイムに向かって仕込みを始めましょう。ポイントは次の5つです。

① 仕事が終わったら、ネガティブな感情は捨てる

以前の僕は、仕事を終えて帰宅しても、ムカつく上司への怒りを爆発させ、毎晩、「あいつを、ぶっ潰す!」と言って眠りについていました。その言葉は眠っている間に潜在意識に浸透し、朝起きたときには、「ぶっ潰す！」ためのあらゆる情報を潜在意識がわざわざ届けてくれる感じでした。

眠る前のひと言が次の日の「スローガン」になってしまい、僕は朝から戦闘モードで同じことを繰り返していました。現実を変えたいと思いながら負のループにはまっていたのは、毎日の眠り方が最悪だったからです。

そのうち、怒りにフォーカスすると、怒りが拡大してしまうことが理解できるようになり、仕事が終わったら、仕事のことはすべて忘れるようにしました。仕事の後は、気持ちを切り替えましょう。

② 夕飯は味わいながらきちんと食べる

食べる、というのは人間の基本的な欲望であり、楽しみです。でも、この楽しみを疎《おろそ》かにしているケース、多いと思います。

僕自身も、役者になる夢を追いかけていたときは、「家に早く帰って映画を観て、勉強をして」と、「〜しなければならない」という呪縛にずっと囚われ、味わって食事をするということを忘れていました。

本やスマホを見ながら適当に食べるのではなく、しっかりと味わって食べることで自分の感度が上がり、ゆっくり味わい、食べる喜びに集中することで、日中に下がったエネルギーが回復していきます。

③ 音楽でリラックス。一日の疲れを取る

夕食が終わったらリラックスタイム。自分が心地よくなれる音楽を聴き、疲れた心を元に戻していきます。モーニングルーティンのときに聴く曲と同じでも構いません。仕事が終わった直後から音楽を聴き、気持ちを切り替えてもいいと思います。

音楽を聴いているときも、顕在意識と潜在意識が混在して脳がリラックスした状態になると言いましたが、お風呂で湯船にゆっくり浸かっている

ときや瞑想をしているときも、混在状態になると言われています。
趣味も楽しみ、リラックスしながら、心地よさを高めていきます。

④ ポジティブな言葉を3回唱えて、一日の印象を変える

今、自分が信じていること、感じていることが現実になる。これが潜在意識のルールです。そうであるなら、ネガティブな気持ちで日中を過ごしたとしても、眠りにつく前に「今日はよかった！」と強くリアルに感じて潜在意識に届けることができれば、ネガティブな一日からポジティブな一日にストーリーを変えることも可能です。

そこで、ウトウトして潜在意識が顔を出してくるゴールデンタイム（眠りにつく前の約30分間）に、「最高」「成功」「幸せ」など、叶えたいイメージを表す短い言葉を心の中で3回唱えます。

ベッドに入ってからでも、ソファに座ってリラックスしている状態でも

構いません。潜在意識に届ける気持ちで、本気で「最高だな」と思いながら3回言うと、パワーが湧いてくるはずです。

⑤ ガッツポーズで一日の結論を変える

潜在意識に言葉を届けたら、最後の仕上げをしていきます。このとき使うのも、ガッツポーズ。モーニングルーティンで行っているのと同じ要領で構いません。ベッドに入り、仰向けで両手を天井に向けて上げ、「よし」（「よしきた」）と、ガッツポーズをしながら眠りにつきます。

自分で、「なんかわからないけど最高な一日でした！」と意図的に結論を作って潜在意識に手渡してしまえば、潜在意識はその結論をオーダーとして受け取り、未来を作っていきます。さらに翌朝も、エネルギーが高い状態で起きることができます。

人間の意識の中で、普段使っている顕在意識はわずか10％程度と言われています。ところが、眠っている間に働いている潜在意識は約90%。自分が知覚している10%の力で頑張るよりも、90%の力を持つ潜在意識にお願いしたほうがうまくいくと僕は思っています。

このナイトルーティンをマスターしてもらえれば、ネガティブな思考に囚われて前に進めないときも、すぐに回復できると思います。

ネガティブなことは、
なかったことに〜〜。
明日からも
幸せな毎日〜〜〜

05. 月収は、自分で勝手に固定している金額。それに気づけば、誰でも収入UPは可能です

収入を上げたいのにうまくいかない。多くの人が抱えている悩みだと思います。僕も長い間、お金に縁がありませんでした。

目標は月収100万円。少なくとも50万円と思いながら、レストランで働いていたときの月収は25万円。月収100万円は奇跡が起こらない限り無理でした。ところがあるときから、一気にお金の流れが好転し始めたのです。きっかけは、月収の思い込みに気づいたことでした。

お金の使い方は人それぞれだと思いますが、僕の場合は、「月収の25万円」が入ったら、まず家賃や水道光熱費、カードの支払いに行き、残ったお金でやり繰りをするパターン。支払いが多いときは、カツカツで、貯金もまともにできないような状態でした。

さてここで、「信じていることが現実になる」という現実創造のルールを考えてみると、収入が増えない理由がよくわかります。

つまり、「月収25万円」は固定されている額だと信じて疑わないので、それが現実になり、それ以上の収入が入ってこないわけです。

給料制の場合は、突然収入が大きく増えることはないと誰もが「わかって」います。そして、収入が増えることを願いながらも、心の底では「無理だろうな」と思っている。「無理」が信じていることなので、増えない。

僕はこんな簡単なことに、長い間気がつかなかったのです。

それならば、まず、「月収25万円」の前提を崩せばいい。そこで僕は、収入源をもうひとつ作ることにしました。と言っても、ネットアプリでいらないものを処分しただけですが、それでも固定給以外に毎月2、3万円の副収入が入るようになりました。

いつもより多い収入を得るようになると、お金に対する思い込みが崩れていきます。

副収入の道ができたことで「月収25万円」の前提条件が崩れたため、僕は「なんかわからないけど」という不確定要素を加えれば、自分の可能性を広げていけると思いました。「なんかわからないけど、月収が100万円以上になる」と言っても、自分にとって嘘にならないからです。

それからは1日に何度も口に出して言い、心の中で呟き、「夢ノート」にも願いを書き続けました。やがてYouTubeで発信するようになって、月収が50万円になり、100万円を超えるようになったのです。

月収は、勝手に自分が固定している金額だということに気がつけば、誰でも収入を増やしていくことは可能です。だから、「お金を得ることや、収入を増やすのは難しい」と考えるのはやめましょう。信じていることが現実になるので、そう考えていると本当に難しくなってしまいます。

また、「25万円しか入らない」ではなく、「25万円も入った」と、「ある」

ものにフォーカスすることでも、不足感は和らぎます。お金はエネルギーなので、安心感を感じれば、それに見合った金額が入ってきます。月収50万円を目指すなら、自分のエネルギーを月収50万円が受け取れる豊かな感情レベルまで上げていくことが先決です。

高収入を求めて仕事を変えるのではなく、お金に対して感じている感情を変えることで、お金は入ってきます。

月収100万円だから
何を買おうかな
月収25万円だから、
今月は……
100万
25万…
…。

06. お金持ちになりたい!なら、1か月後が楽しみになるお金持ち習慣を始めてみましょう

「なんかわからないけど、100万円入ってくる」

「お金持ちになりつつある」

自分で素直に肯定できるなら、どちらのアファメーションも効果的です。

でも、心の底で「信じられない」と思っていたら、願いは叶いません。

「できない、信じられない」という考えは、自分のエネルギーが高くなってくると次第になくなってきます。お金持ちになりたいなら、心地よく過ごして自分のエネルギーを上げていけばいいわけですが、それでは少し時間がかかるので、試してみてほしいのが、お金持ちを日常で演じる方法です。

演じるときは、その役柄の言葉、思考、行動を正確にやってなりきらないと成立しません。特に注意したいのが、次の3つのポイントです。

①「お金がない」という言葉は使わない

お金持ちを演じるのですから、「お金がない」「買えない」「今は無理」

といった言葉は使わないようにします。

買えないときは「買えない」と否定的な言葉を使うのではなく、「買わない」と自分の意志で判断した言葉を使うようにします。

「もしも自分がお金を持っていたらどんな行動をし、どんな言葉を使うか」を、常に意識していると、潜在意識もその思考回路を信じるようになります。

② 財布には、お金が「ある」状態にしておく

財布にお金があまり入っていないから、「今は買えない」「買うのを控えよう」。こうした行動を繰り返していると、潜在意識に「お金がない」ということが刻印されてしまいます。財布に1万円入っていると安心するなら1万円を入れておくようにすると、財布を開くたびに安心感が湧き、エネルギーが上がります。また、入れるお札がないときは100円ショップで売っている玩具のお札を財布に入れておくだけでも、効果があります。

嘘だと思うかもしれませんが、「お金がない」と暗い顔をしているより、「玩具のお金、笑えるな」と捉えるほうが、ずっとポジティブです。

③ たまには、リッチなものを買う

例えば、いつもはコンビニでチョコレートを買っていたとします。でも、もしも自分がお金持ちならどんなところで買うでしょうか。たまには高級な店で買うというお金持ち体験をしてください。そして、気持ちよくお金を払ってみてください。

お金を使っていい気分を感じていると、潜在意識は「あれ、この人、お金持ちなのかな?」と考え始めます。逆に、お金を使って嫌な気分を感じていると、潜在意識は、「あ、やっぱりこの人偽物? お金持ちじゃない」と、あなたが感じている通りの現実を作ろうとします。

お金持ちを演じ始めたら、潜在意識が「この人、お金持ちなんだ。じゃあ、もっとお金持ちにしないといけないな」と解釈し、動き出してくれるまで続けることが大切です。

自分の内側が充実してくれれば、やがて変化の兆しが訪れます。早ければ1か月後かもしれません。どんなギフトか、お楽しみに！

なんか
わからないけど、
お金が入ってくる
ようになって
しまった

07.

次の3つの質問に答えると、これからお金持ちになれるかわかります。定期的にやってみてください

信じていること、感じていることが現実になるのは、恋愛や仕事、お金に関しても同じです。波動一致の法則が働いていますから、自分が感じている感情によってエネルギーが変わることで、そのエネルギーと一致した恋愛、仕事、お金が引き寄せられてきます。

恋愛と仕事に関しては個人の趣向がかなり反映されますが、お金に関しては、ブロックさえなければ、自分のエネルギーが上がれば上がるほどお金が入りやすくなってきます。

では、これからお金持ちに大化けする人は？　それは、左ページの3つの質問に答えてもらうと、だいたいわかってしまいます。質問を読んだら、イメージしたことを書き留めてみてください。

問1．の「1年後、あなたの月収はいくらになっていますか？」という

あなたがお金持ちになれるか知るワーク

問1. 1年後、あなたの月収はいくらになっていますか？

問2. 問1.の回答の理由を教えてください。

問3. 理想のお金が入ったら、どんな生活をしたいですか？

深く考えず、
イメージでパッと
答えてください。
あなたとお金の関係が
わかります

質問に、現在の月収を基準にして答えた人は、「自分の月収は固定されている」と信じているので、その金額が現実になります。

「50万円ぐらいになりそうかな。ちょっと増えて」と肯定的な予想をした人は、収入源を固定化していないので増えていく可能性大です。

「50万円にしないとやばいよなぁ」と答えた場合は、大きな支出や貯蓄の予定があるのかもしれません。自分でマイナスイメージを持っているので、思う通りの収入は望めません。かなりピンチということです。

問2.の「問1.の回答の理由を教えてください」という質問に、「これ以上の収入は無理」と答えた人は、そう信じているわけですから、それが現実になってしまいます。

「なんかわからないけど」や「なんとなく」と答えた場合は、潜在意識にプロセスを委ねているので、ミラクルが起こって大化けする可能性があります。

無理なときは理由があるものですが、うまくいくときは、理由がわからないということが多いもの。「きっとうまくいく」というポジティブな発想は、ラッキーな人生を送る秘訣かもしれません。

問3は「理想のお金が入ったら、どんな生活をしたいですか?」です。具体的なイメージがパッと出てきて、心地よさが感じられる場合は、夢とあなたのエネルギーが近くなっているサインです。

逆に、具体的なイメージが湧かない場合は、お金の使い道＝通り道ができていないということですから、お金が入ってきません。

100万円あったら、1億円あったら何に使うか、シミュレーションをして普段から理想のイメージを意識しておくことも、お金が入ってくる道を作ります。このワークを定期的にやってみると、お金に対する自分の考え方が把握できます。

08. 毎日が辛過ぎるときは、運気を上げるアイテムを使う。僕が使っている3つのアイテムを紹介します

お守りやパワーストーンなど、運気を上げるアイテムはいろいろありますが、「効果あるんですか？」という質問をよく受けます。正直に言いますが、僕は、効果があると思います。

心地よさを大切にして自分の内側を変え、エネルギーを上げていければ一番いいのですが、どうしてもネガティブな思考から抜けられずに毎日が辛くて苦しいときは、外の力を借りて自分が心地よくいられる時間を増やしていくのもひとつの方法です。

僕も、これまで様々な助けを借りてきました。その中から、今でも実践している運気を上げるアイテムの活用法を3つ紹介しておきます。

① 毎日見るスマホのアプリに自分の夢を入れておく

カレンダーアプリやＴｏ ｄｏリストなど、必ず毎日見るスマホのアプリに自分の夢を入れておきます。「幸せになる」「お金持ちになる」「海外

で暮らす」といった短い言葉で構いません。そして、見るたびに夢が叶ったときの感情を感じるようにします。

現実と想像の区別がつかない潜在意識は、より多く刻印された思考や感情を現実化します。そこで、夢が叶ったときの感情をいつでもどこでも、できるだけ多く感じられるようにスマホを活用するというわけです。

---

② 財布の中に、自分の好きな開運アイテムを入れる

お金に困っていた頃、僕は支払いをするたびに、「また、お金が出ていく」と毎回ネガティブな気分になっていました。

そこで、財布を開いたときに気分が上向きになるように、自分が好きな「龍体文字《りゅうたい》」のお守りを入れるようにしました。今でも財布に入れているので、目にするたびに気分が上がります。こうした小さな習慣作りが、実は、運気を上げることにつながります。

③ スマホの待ち受け画面を自分が選んだ開運画像にする

スマホの待ち受け画面は、たいていの人は一日に何十回と見るはずです。そこに、自分の開運画像を入れておきましょう。いわばお守りです。

お気に入りの風景や絵、光、神様、何でも構いません。ちなみに僕は、インドの神様が好きなので、シヴァ神とガネーシャを入れています。

スマホや財布に入れるアイテムを紹介したのは、家で過ごしているときよりも、仕事や人との付き合いなど、外出先で嫌な思いをしてエネルギーが下がってしまう人が多いからです。

そういうときに、目につくところに自分を取り戻す材料があると、心地よい状態に戻っていけるようになります。

運気を上げるというより、エネルギーを落とさないためのテクニックですが、続けているうちに心地よく生きる方法が身についていけば、人生は必ず好転していきます。

ただし、この方法では効果を得られない人もいます。それは、開運アイテムというものに意味を見出せない人です。

「そんなの嘘でしょ。効果あるの？」と思っていたら、効果はありません。なぜなら、効果は自分が与えるものだからです。

神様でもパワーストーンでも、お守りでも、自分でエネルギーを与えないと、効果は半減してしまいます。信じてこそ、願いは叶います。

あなたを
心地よくしてくれる
アイテムが、
開運アイテム！

09.

月や曜日、数字のエネルギーを上手に使うことも、「ゼロ・リセット」のひとつの方法です

運気を上げるために自分のラッキーアイテムを持つだけでなく、上手に使いこなして欲しいのが、曜日や数字の持つエネルギーです。

曜日というのは、日曜は太陽、月曜は月、火曜は火星というように、惑星の持つエネルギーの影響を受けると言われています。

数字にもエネルギーがあり、「1」は意思決定。「2」は調和を表すなど、それぞれに意味があります。

こうしたエネルギーと自分の持つエネルギーには相性があり、そのために、気分の上がる日や気分の乗らない日が出てくると僕は考えています。

日記やカレンダーアプリなどで自分の過去を振り返ってみると、「1月はいつも絶好調。でも、2月は落ち込んでいる」といった相性が、意外と簡単に発見できるので、是非、自分にとって「ラッキーな月」「ラッキーな曜日」「ラッキーな日」を探してみてください。

例えば僕の場合なら、月曜はいいことがある日。でも火曜はうまくいかないことが多い日です。そこで、大切な用事や新しい仕事は月曜に入れるようにし、火曜は大きな約束は入れず、心地よく過ごすことを大切にしています。また、自分のラッキーナンバーの日には、新しいことに挑戦してみるようにしています。

自分にとってエネルギーが出せる日、出せない日がわかると、「今、これをやるべき？　動くべき？」と悩むこともなくなりますし、人の意見に惑わされることもなくなります。

エネルギーがうまく回る日にラッキー経験を重ねて自信をつけ、エネルギーが低い日には無理をせずに心地よく過ごすことを習慣づけると、エネルギーに対する感度が自然と上がっていきます。これもまた、ネガティブゾーンにいる人が簡単に「ゼロ・リセット」するひとつの方法です。

10. たとえ、できなくても続けられなくても、「自分はダメ」と思わないで。結論次第で現実は変わります

これまで、「現実を心地よく変えていく」方法をお伝えしてきました。
これだけ多くの方法があると、できるものもあれば、できないものもあるでしょう。そして、やってみたけれど続かないものも出てくると思います。

でも、「できない自分はダメだ」という結論を持たないでください。

人は、理解できないことや実践できないことがあると、「自分はダメだ」と思いがちですが、そう思い込むから、ダメになってしまうのです。
逆に言うと、どれだけ現実がうまくいかなくても、自分で「幸せだなぁ」という結論が出せれば、その人には幸せが待っているということです。

できなくてもいいんです。「できなければダメ」「うまくいかなければダメ」という思考こそが、あなたの現実を難しくしている本当の原因です。

この本では、「今、感じていることが現実になる」ということをずっと話してきました。「今」に対する解釈が人の現実を作っていきます。「自分が信じていること、そして感じていることが現実を作っている」ということを、どうか忘れないでください。

本書を読んで参考になると思ったものは実践し、ピンとこないものは「自分には関係ない」と笑い飛ばして構いません。今悩んでいるあなたが笑って読めたなら、「ゼロ・ポイント」は、もう目の前かもしれません。

これでいいんだ！
という安心感が
すべて。
応援しています

あとがき

本書が出版される約2年前、僕はレストランで普通に働いていました。

まさか本を出すことになるとは夢にも思わなかったです。

僕がなぜ驚いているかというと、頑張ったつもりが特にないからです。

逆に言うと、役者を目指して現実が変わらなかった10年間のほうが、よっぽどがむしゃらに頑張っていました。

それが今では、夢だった自然に溢れた場所に住み、午前中には好きな仕事を終え、毎日をゆっくりと充実して過ごせるようになりました。

このような現実は、本書でお伝えしているように「日々心地よくいること」で実現することができました。


変化の始まりは、レストランで働いていたときに、普通の日常を楽しめるようになったところからです。「つまらない」から「楽しいな」という感情に変わり、やりたいことがたくさん出てきました。

その後は、そのやりたいことを淡々と実践していきました。ですから、僕はやりたいことをやっていただけなんです。

このようにエネルギーが元に戻れば、「どうしようか？　どうやるべきか？」という思考が出てくることはほぼありません。

過去の自分を含めて「現実を変えるためにはどうすれば良いか？」と真剣に考えている方は多いと思います。ただ、その場所でいくら考えていても答えは出ないのです。

考え込んでしまったら、休んでみてください。やりたくなかったら、やらないでいてみてください。眠たくなったら、寝てみてください。

今、自分の感情に正直になり、何かを期待するのではなく、あなたが自分自身の気分を整えてあげてください。

大きな変化や夢の達成は、「常に心地よくいられるか」にかかっています。

もし、あなたのエネルギーがゼロ・リセットできれば、今まで悩んでいたことに対して「なぜそんなことで悩んでいたんだろう」「なぜこんなことに気づかなかったんだろう」という感じで、過去の自分の思考体系がまるで誰かの記憶のように感じることでしょう。

「〜しなければならない」という重荷をそっと下ろしてみてください。身動きが取れない状態で進むことはできません。まずは元気を取り戻すことです。

本書を読んでも、「頑張らないと」という思考は時折顔を出してくると思います。そのときにまた自分をダメだと思わないでください。その思考は過去のあなたであり、これからのあなたとは関係ないものだからです。

未来ではなく、今いる場所で心地よくいてください。現実を作っていく力は環境でも他人でもなく、あなたが持っていることを常に忘れないでください。人にはタイミングがあるし、変化のスピードもそれぞれ違います。

ゼロに戻ってください。本来の元気に戻ることができれば、やる気やアイデアは自然に湧き、日々心地よくいることができるようになります。

ゼロに戻るとは、今まで必要だと思っていた重荷（思考や信念）を一つずつ取り払っていく作業です。

ときには「現実がうまくいっていないのに、気分を整えているだけなんて現実逃避じゃないの？」と思うときもくると思います。そのときこそ、思い出してほしいんです。「今感じていることが現実になる」ということを。


あなたが目の前の現実から内側に意識のベクトルを向けようと決意したとき、人生に素敵な展開がやってきます。あなたは絶対変われます。

努力でも気合いでもなく、今「私はこれでいいんだ」と気づくことによって現実はあなたが導き出した結論通りに変わっていきます。

皆さんの心地よき日々を願って。

Ｋｅｎｊｉ

Kenji（ケンジ）
神奈川県出身。現実創造研究家。
大学卒業後、就職をするが会社という組織の体質が肌に合わず転職。以後、アルバイトを転々とする。夢だった役者で成功するため潜在意識、スピリチュアルなどを11年以上研究してきたが、挫折。夢を諦め、レストランで働いている時に始めたYouTubeチャンネルがまさかの人気を博し、そこから約1年で人生が激変する。オンライン講座受講生3500名以上。Voicyでは2021年上半期「メンタル・心理学」ランキング1位を獲得。現在は、自身の実体験をもとに、どん底から人生を好転させていく方法をYouTube、Voicyにて発信している。
■YouTube（Kenji Spirit）
チャンネル登録者数12万7000人
■YouTube（Kenji Tarot）
チャンネル登録者数4万8000人
■Voicy（Kenji Radio）
チャンネル登録者数7000人

不安《ふあん》が希望《きぼう》に変《か》わる！
「ゼロ・リセット」マジック

2021年 9月24日　初版発行
2021年10月25日　再版発行

著者／Kenji《ケンジ》

発行者／青柳 昌行

発行／株式会社KADOKAWA
〒102-8177　東京都千代田区富士見2-13-3
電話　0570-002-301（ナビダイヤル）

印刷所／凸版印刷株式会社

●お問い合わせ
https://www.kadokawa.co.jp/（「お問い合わせ」へお進みください）
※内容によっては、お答えできない場合があります。
※サポートは日本国内のみとさせていただきます。
※Japanese text only

定価はカバーに表示してあります。

ISBN 978-4-04-605280-3　C0030